UNIVERSITY OF NORTH CAROLINA
STUDIES IN THE ROMANCE LANGUAGES AND LITERATURES
Number 129

MOLIÈRE MOCKED
THREE CONTEMPORARY HOSTILE COMEDIES

MOLIÈRE MOCKED

THREE CONTEMPORARY HOSTILE COMEDIES:

DONNEAU DE VISÉ
ZÉLINDE
(1663)

BOURSAULT
LE PORTRAIT DU PEINTRE
(1663)

LE BOULANGER DE CHALUSSAY
ÉLOMIRE HYPOCONDRE
(1670)

BY

FREDERICK WRIGHT VOGLER

CHAPEL HILL
THE UNIVERSITY OF NORTH CAROLINA PRESS

I.S.B.N. 0-8078-9129-0

I.S.B.N. 84-399-0261-1

DEPÓSITO LEGAL: V. 36 - 1973

ARTES GRÁFICAS SOLER, S. A. - JÁVEA, 28 - VALENCIA (8) - 1973

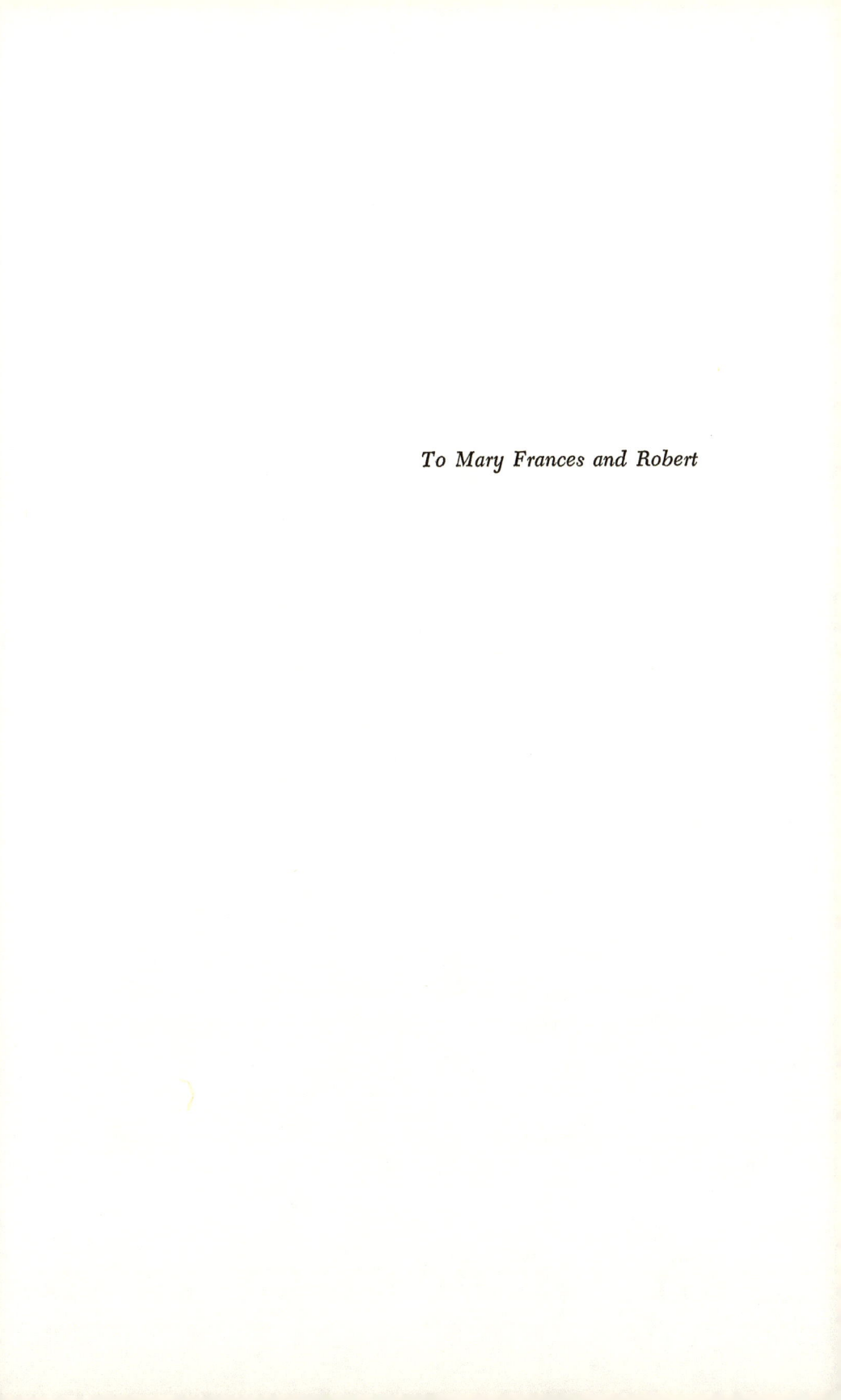

To Mary Frances and Robert

TABLE OF CONTENTS

FOREWORD

Donneau de Visé, Boursault, Le Boulanger de Chalussay —
dim stars indeed in the firmament of seventeenth-century French
letters. Of these three writers, the first two never did attain any
enduring recognition for their works, while the third is known
solely as the pseudonymous author of an anti-Molière satire. It
is not at all my intention to seek to rehabilitate their posthumous
reputations or to demonstrate the existence of hitherto overlooked
literary merit in the three plays published here. Donneau de
Visé (1638-1710) and Boursault (1638-1701) were minor dramatists
of their time, and *Zélinde* and *Le Portrait du Peintre* were not
even their best efforts from a literary standpoint; as for *Elomire
hypocondre*, the topical interest of its satire eclipses all other
aspects of it, making purely literary judgments on it irrelevant
and unnecessary. But these comedies do have an undeniable
historical importance in connection with Molière's career, and it
is as significant documents of literary history that they now appear
together in one volume for the first time. The circumstances of
their composition and first publication have already been carefully
and thoroughly described by modern literary historians, but the
texts themselves have not been made available since their
nineteenth-century reprintings, which provided only a very limited
number of copies in each case and which today are not much
more readily accessible than the seventeenth-century editions on
which they were based.

Our own students are expected to be knowledgeable about the
Querelle de l'Ecole des Femmes — the so-called Comic War —
and about Molière's long feud with the physicians of his day.
They read *L'Ecole des Femmes* itself and then its sequels,

La Critique de l'Ecole des Femmes and *L'Impromptu de Versai-*
lles; they savor the lively satire of *L'Amour médecin, Le Médecin*
malgré lui, Le Malade imaginaire, and, less frequently, that of
Monsieur de Pourceaugnac. But with few exceptions they must
content themselves with reading about the literary attacks of
Molière's detractors, although the controversies they reflect were
often crucial moments in his career. With easier access to the
texts of three of the most important hostile comedies, students of
Molière may find these works helpful in developing and understanding of his career and personality.

There were, of course, a number of other dramatic satires
attacking Molière, one of which, Montfleury *fils' L'Impromptu de*
l'Hotel de Condé was considered by Lancaster to be the best of
the lot as far as the Comic War was concerned. [1] However, I have
chosen the plays by Donneau de Visé and Boursault because of
their interrelation and their direct bearing on Molière's production of *L'Impromptu de Versailles;* Le Boulanger de Chalussay's
play is included because of its broader satirical scope as well
as its particularly vicious nature.

The main accomplishment of the 1970 Conference on Seventeenth-Century French Literature, held at Charlottesville, Vir-
ginia, was an agreement that a greater efford should be made to
provide more texts of the works of authors other than the *Grands*
Classiques, especially those works which have a significant bearing
on the study of the major writers of the period. Instead of producing full-rigged critical editions when the traditional scholarly
apparatus would serve no very useful purpose, specialists were
urged to concentrate on establishing reliable texts for publication
with a minimum of editorial intervention, usually amounting to
a brief introduction, a statement on the establishment of the text,
and a selective bibliography. That is the policy I have followed
in preparing this volume. The text of the three plays has been
based on the original seventeenth-century edition of each, checked
against an authoritative nineteenth-century reprinting for *Zélinde*
and *Le Portrait du Peintre* and two such reprintings for *Elomire*

---

[1] Henry Carrington Lancaster, *French Dramatic Literature of the*
Seventeenth Century. Part III: The Period of Molière (Baltimore, The Johns
Hopkins Press, 1936), I, 265.

hypocondre because of its greater length and complexity. [2] The bibliography is restricted to the most pertinent and useful titles.

The inconsistency of seventeenth-century orthography and the carelessness of printers at that time are too well known to require explanation here. In this volume, the vagaries of spelling and diacritical marks of the original editions have been preserved except for occasional changes where a printer's error could obscure the meaning of a word; the letters *i* and *u* have been changed to *j* and *v* when used as consonants, and *et* has been substituted for the ampersand symbol. Punctuation, however, is another matter; it has been modernized or corrected wherever the original usage seemed likely to be puzzling or distracting to a modern reader.

It is with considerable gratitude that I take this opportunity to acknowledge the grants provided by the University of North Carolina Research Council and the Smith Fund to make possible the publication of this volume in the "Studies in the Romance Languages and Literatures" series. I also wish to thank Professor U. T. Holmes [3] for his initial encouragement and Professor A. G. Engstrom for his patient help in locating and acquiring copies of the texts on which those of this edition are based.

---

[2] See the list of editions on pp. 209-10. In the late spring of this year (1972), Georges Mongrédien did publish critical editions of *Zélinde* and *Le Portrait du Peintre* in his two-volume *La Querelle de l'Ecole des Femmes* (Paris: Marcel Didier); unfortunately, this was much too late for their use in the preparation of my volume, which was already in the hands of the printer at that time.

[3] Deceased May 12, 1972.

JEAN DONNEAU DE VISÉ

ZELINDE

Comedie

OU

LA VERITABLE CRITIQUE DE L'ESCOLE DES FEMMES

ET

LA CRITIQUE DE LA CRITIQUE

INTRODUCTION

There is good reason to believe that Donneau de Visé had a strong ulterior motive in joining Molière's censors in the *Querelle de l'Ecole des Femmes*. As an ambitious, aggressive young man of letters, barely twenty-five years old at the time of this polemical activity in 1663, he had little to lose and a great deal to gain in the form of public attention by attacking the most conspicuously successful comic dramatist of the day. His first maneuver upon joining the opposition forces was the hasty publication of an imaginary literary discussion concerning Molière's current celebrity and summarizing his professional career up to and including *L'Ecole des Femmes;* it appeared as part of his *Nouvelles nouvelles* but using an earlier *privilège* which did not include the dialogue on Molière. This acid mixture of faint praise and energetic fault-finding could not go unnoticed, and its victim seems to have ascribed it to the kind of uncomprehending pedantry soon to be held up to ridicule in *La Critique de l'Ecole des Femmes,* first performed in June 1663. The identification of Donneau de Visé with the rôle of Lysidas remains a point of contention in literary history: Lancaster observes that, while there is some resemblance between the *Nouvelles nouvelles* dialogue and the first part of Lysidas' rôle, Donneau de Visé would not seriously have taken it to represent himself since as yet he had written no plays at the time the *Critique* was first staged; [1] however, Van Vree points out that the same name was used by Boursault twenty years later to represent Donneau de Visé in his

---

[1] Lancaster, I, 256.

Comédie sans titre.[2] In any case, Donneau de Visé felt strongly enough about Molière's self-confident rejection of unfavorable criticism to compose immediately a direct and openly derogatory statement of his views in the one-act prose comedy *Zélinde*, published in early August under a *privilège* issued July 14, 1663. There is no evidence that the play was ever performed, although the *Grands Comédiens* of the Hôtel de Bourgogne would surely have found nothing objectionable about its satire had it been offered to them. However, any troupe — good or bad — attempting to perform *Zélinde* would have found it a formidable challenge; for unlike *Le Portrait du Peintre* or *Elomire hypocondre,* this play is a drama only in the very superficial sense that it is in dialogue form, is divided into scenes, and has a poorly attached *dénouement* of young lovers overcoming parental opposition to their hope of marriage. Otherwise the effect is little more dramatic than that of Donneau de Visé's imaginary dialogue in his *Nouvelles nouvelles:* lengthy speeches of detailed, carping criticism of Molière's plays, of his lack of originality, of his misuse of sources, of his lack of taste, of his defective techniques. At one point, a seemingly interminable letter is read aloud by one of the characters, effectively proving that, while interpolated material of the sort might still have been acceptable in novels of the period, no competent dramatist should have used that device if he hoped to maintain any movement at all in his play. One cannot help but marvel at Paul Lacroix's judgment on the play, appearing in the preface to his 1868 edition of it:

> Cette charmante comédie ... (p. v)   Cette comédie renferme des critiques très-justes, très-fines et très-fortes, contre la *Critique de l'Ecole des Femmes,* mais ces critiques sont présentées avec beaucoup de modération et de politesse, à l'exception de certains traits qui ont pu chagriner Molière ... (p. vii)   Quoi qu'il en soit des critiques que cette pièce contient contre Molière et ses ouvrages, Molière, loin d'en garder rancune à Donneau de Visé, lui en a su gré peut-être ... (p. x)

---

[2] Th.-J. van Vree, *Les Pamphlets et libelles littéraires contre Molière* (Paris, Vermaut, n.d.), p. 75.

On the other hand, Van Vree is probably too severe in his condemnation of the play as "un pamphlet venimeux, injuste, et inintelligent." [3] Unfair, to be sure, in its insistence on a conception of comedy which *L'Ecole des Femmes* had brilliantly transcended as a comedy of character rather than a conventional one of situation. Insidious as well in its suggestion of disrespect for religion on Molière's part. But not devoid of interesting and even arresting passages; for example, its description of Molière's quiet observation of the behavior and conversation of his contemporaries reveals him in the act of verifying his psychological understanding of the Town and Court societies of his day. Paul Lacroix believed that he recognized La Fontaine in the carefully drawn rôle of Elomire's friend Aristide, "poëte à dentelles et à grands cheveux," [4] "dans son humeur rêveuse," [5] who is aroused to take part in the literary discussion and is soon forced to admit the many flaws in *L'Ecole des Femmes* and the new *Critique*. Donneau de Visé's play is neither unintelligent nor uninteresting in its material, but as drama it is clearly deficient in its preoccupation with a flagrantly partisan goal.

Three months after the publication of *Zélinde*, the *Grands Comédiens* performed a new play by Donneau de Visé, *La Réponse à l'Impromptu de Versailles, ou la Vengeance des Marquis*, a hastily composed dialogue which lacked any semblance of plot or systematic organization, "l'ouvrage d'un jour et demi," according to its author, written immediately after Molière's triumph at Versailles. It differs from Donneau de Visé's two previous attacks only in the bitterness and the personal nature of its satire and in its effort to stir up the nobility against Molière. In early December, the text of *La Vengeance des Marquis* was published in Donneau de Visé's *Diversités galantes*, along with two unrelated *nouvelles* and a self-laudatory *Lettre sur les affaires du théâtre* claiming victory for the anti-Molière faction. The promptness with which the new comedy was published seems to have been the result of the equally prompt supplanting of it at the Hôtel de

---

[3] *Ibid.*, p. 84.
[4] *Zélinde*, sc. vi.
[5] *Ibid.*

Bourgogne by a substantially better dramatic retort to Molière's *Impromptu*, Montfleury *fils' L'Impromptu de l'Hôtel de Condé*, which opened in mid-December.

Donneau de Visé's rancor in regard to Molière appears to have been remarkably shortlived despite the bitter crescendo of his Comic War attacks, for a quiet reconciliation between the two dramatists was soon effected, with Molière later producing several of his former enemy's plays at the Palais-Royal, notably his *Mère Coquette* in October 1665, competing with the simultaneous production of Quinault's play of the same title at the Hôtel de Bourgogne. When *Le Misanthrope* was first published in December 1666, its text was preceded by a *Lettre* in which Donneau de Visé gave a perceptive and highly sympathetic analysis of Molière's most original work. Their collaboration bears witness not only to Donneau de Visé's earlier professional opportunism at the time of the Comic War but also to Molière's realistic outlook in allowing bygones to be bygones at a moment of personal triumph for himself.

ACTEURS

ORIANE, Amante de Melante.

MELANTE.

CLEARQUE, Pere d'Oriane.

ARGIMONT, Marchand de Dentelle de la ruë S. Denis.

ZELINDE, Femme sçavante.

ARISTIDE, Poëte.

CLERONTE, Bourgeois de Paris.

DAMIS, Garçon d'Argimont.

EGISTE, Garçon d'un Marchand de la ruë S. Denis.

LUCIE, Suivante d'Oriane.

CLEON, Valet de Melante.

La Scene est dans la ruë Saint Denis, dans la Chambre d'un Marchand de Dentelles.

ZELINDE

Comedie

SCENE PREMIERE

Oriane, Lucie, Argimont

Argimont. Si vous voulez avoir un beau Point d'Alençon, je vous en vais monstrer un que l'on prendra pour un Point de Venise; tenez!

Oriane, *apres l'avoir regardé.* Le Patron ne m'en plaist pas.

Argimont. Voulez-vous un Point d'Orillac?

Oriane. Montrez! les gens de qualité en portent encor; mais il faut qu'il soit bien clair.

Argimont, *en luy donnant.* Je crois que celuy-cy....

Oriane. Ah, l'épouvantable Dantelle! elle seroit capable de faire evanoüir ceux qui sçavent ce que c'est que de se bien mettre.

Argimont. Prenez donc un des Points de Venise, que je vous ay monstrez d'abord.

Oriane. Je ne sçaurois me resoudre d'achepter une chose qui ne me plaist point: ce n'est pas que je ne les croye beaux, mais il y a dans le dessein quelque chose qui me choque.

Argimont. Je suis bien fâché de n'avoir rien qui vous puisse accommoder, et si je l'avois crû je ne vous aurois pas donné la peine de monter jusques à cette Chambre.

Oriane. J'ay une si furieuse delicatesse pour les dantelles, que je m'en veux, quelquefois, mal à moy-mesme.

SCENE II

ORIANE, LUCIE, ARGIMONT, DAMIS

DAMIS. Monsieur, mon Maistre m'a envoyé demander si vous vouliez qu'il retinst une loge, pour aller voir Dimanche la *Critique*. Il dit que Madame Ariste et Madame Cleone luy ont envoyé demander s'il en retiendroit une.

ARGIMONT. Va luy dire que je le veux bien.

SCENE III

ORIANE, LUCIE, ARGIMONT

ARGIMONT. Ce n'est pas que je ne l'aye déja veuë plusieurs fois: la pluspart des Marchands de la ruë Saint Denis ayment fort la Comedie, et nous sommes quarante ou cinquante, qui allons ordinairement aux premieres representations de toutes les Pieces nouvelles; et quand elles ont quelque chose de particulier, et qu'elles font grand bruit, nous nous mettons quatre ou cinq ensemble, et loüons une loge pour nos femmes; car pour nous, nous nous contentons d'aller au Parterre. Nous y menons Dimanche quatre ou cinq Marchandes de cette ruë, avec la femme d'un Notaire, et celle d'un Procureur.

ORIANE, *à Lucie à part.* Il faut qu'en attendant Melante j'amuse ce Marchand, et que je fasse causer.

LUCIE, *à Oriane à part.* Vous ne pouvez mieux faire.

ORIANE, *au Marchand.* Puisque vous avez veu tant de fois la *Critique*, dites-nous ce que voux en pensez.

ARGIMONT. Ah! Madame, ce n'est pas à moy à porter jugement d'une Piece de cette nature; les gens de qualité en pourroient mieux parler que moy, et dire s'ils y sont bien ou mal dépeints.

ORIANE. Ah! que vous me plaisez de parler de la sorte: n'est-ce pas une chose étrange, que des gens de qualité souffrent que l'on les joüe en plein Theâtre, et qu'ils aillent admirer les portraits de leurs actions les plus ridicules, afin de donner de la reputation au fameux Elomire, et de l'obliger à les dépeindre, une autrefois, avec des traits plus forts, et de plus vives couleurs?

ARGIMONT. Pour moy, Madame, qui n'ay garde de blasmer les gens de qualité, je croy qu'en agissant de la sorte, ils ne font que ce que la prudence leur conseille. Ils voyent bien que l'on les jouë; mais ils font bien de tenir cela au-dessous d'eux, et de ne pas témoigner qu'ils le connoissent: c'est assez qu'ils en ayent un secret dépit, puisque celuy qui le feroit éclater le premier s'exposeroit à la raillerie publique, et feroit croire que c'est luy que l'on jouë; c'est pourquoy ceux qui se voyent dépeindre, et qui en rient les premiers, tâchent de faire croire, par leurs applaudissemens, que ce n'est pas d'eux que l'on parle (du moins, c'est ma pensée).

ORIANE. Il est quelque chose de ce que vous dites; mais encor, que croyez-vous de la Piece?

ARGIMONT. Il y quinze ou seize Marchands dans cette ruë qui vous en diroient bien des nouvelles; puisque depuis trente ans, ils ont veu toutes les Comedies que l'on a joüées, et que tout ce qu'il y a d'illustres Bourgeois à Paris se rapporte au sentiment de ces Messieurs. Il faut que je vous advoüe une chose qui me surprend: je ne les ay jamais veu condamner une Piece dés la premiere representation, qu'elle ne soit tombée, ny dire qu'une reüssiroit, qu'elle n'ait eu beaucoup de succez; et ce qui m'estonne est qu'ils se sont toûjours trouvez du sentiment des gens de qualité, et que toutes les Pieces qu'ils ont fait reüssir au parterre ont toûjours reüssi aux loges, et au Theâtre. Il y en eut même un, ces jours passez, qui entra chez une Dame de qualité, où il avoit affaire, comme plusieurs personnes s'entretenoient d'une Piece nouvelle que l'on joüoit alors. L'on luy fit l'honneur de luy en demander son sentiment, qu'il dia d'une maniere qui surprit toute l'assemblée, et qui fit advoüer que l'on sçait bien juger d'une Piece de Theâtre à la ruë Saint Denis.

ORIANE. J'avois déja oüy dire que ces Messieurs vont souvent à la Comedie, et qu'une Piece qui ne leur plaist pas est en grand danger; mais laissons là leur sentiment, et dites-moy le vostre.

ARGIMONT. Ah! Madame, le mien....

ORIANE. Ouy, le vostre.

ARGIMONT. Puisque vous me l'ordonnez....

ORIANE. Prenons des sieges.

ARGIMONT, *apres s'estre tous deux assis*. Puisque vous voulez sçavoir mon sentiment touchant la *Critique de l'Escole des femmes*, du fameux Elomire, je vous diray d'abord que cette Piece est mal nommée, et que c'est la deffence et non la Critique de *l'Escolle des Femmes*: l'on n'y parle pas de la sixiême partie des fautes que l'on pourroit reprendre, et Licidas l'attaque si foiblement que l'on connoist bien que l'Autheur parle par sa bouche. Ah! que l'on pouvoit bien reprendre d'autres choses.

ORIANE. Vous ne le devez pas blâmer s'il ne les a pas dites, il n'avoit peut-estre pas de quoy y repartir; mais je vous prie de me dire celles qu'il a oubliées. Nous parlerons apres de la *Critique*.

ARGIMONT. Quoyque je n'aye rien à vous dire que vous ne sçachiez sans doute mieux que moy, je vais satisfaire à vostre curiosité, et commancer par le nom de l'*Escolle des Femmes*. Son Autheur a advoüé luy-mesme que ce nom ne luy convient point, et qu'il ne l'a nommée ainsi que pour attirer le monde, en l'éblouïssant par un nom specieux. Puiqu'il en est d'accord, je n'en parleray pas davantage, et passeray à la premiere Scene. Dés l'ouverture de cette Piece, Chrisalde dit à Arnolphe qu'ils sont seuls, et qu'ils peuvent discourir ensemble sans craindre d'estre ouys. Si, comme l'on n'en peut douter, et comme Elomire l'a luy-mesme fait imprimer, toute cette Comedie se passe dans une Place de Ville, comment se peut-il que Chrisalde et Arnolphe s'y rencontrent seuls? C'est une chose que je tiens absolument impossible.

ORIANE. C'est qu'il a oublié à vous dire que la Peste estoit peut-estre dans la ville, ce qui l'avoit renduë presque deserte, et ce qui empeschoit le reste des habitans de sortir de leurs maisons; mais poursuivez.

ARGIMONT. Chrisalde est un personnage entierement inutile: il vient, sans necessité, dire six ou sept-vingts vers à la loüange des Cocus, et s'en retourne jusques à l'heure du souper, où il en vient dire encore autant pour s'en retourner ensuitte, sans que ses discours avancent ou reculent les affaires de la Scene. On peut méme dire qu'il est bien incivil d'arrester si long-temps Arnolphe à l'ouverture de la Piece, puisque, selon toutes les apparences, ce dernier arrive à pied de la campagne, et qu'on le devroit laisser aller prendre du repos. Arnolphe, apres avoir dans cette premiere Scene fait connoistre son humeur deffiante et jalouse, jusques au point que chacun sçait, dément aussi-tost son caractere en priant Chrisalde de venir souper avec Agnés. Il n'est pas vraysemblable qu'un homme qui craint si fort d'estre Cocu prie à souper avec sa Maistresse, sans aucune necessité, un railleur qui semble luy predire que s'il se marie, son front ne sera pas exempt de porter ce qu'il craint.

ORIANE. On connoist bien l'artifice de l'Auteur, et qu'il ne fait prier Chrisalde, par Arnolphe, de venir souper, que pour faire voir la durée de sa Piece, et que pour le faire encore revenir, au quatriéme Acte, dire ce qui luy restoit à l'avantage des Cocus; et c'est pourquoy il oblige son Heros à démentir son caractere dés le premier Acte.

ARGIMONT. Ce que vous dites est tres judicieux.

ORIANE. Je crois que ç'a esté la pensée de l'Autheur.

ARGIMONT. Arnolphe, apres avoir quitté Chrysalde, heurte à sa porte; et comme on tarde longtemps à l'ouvrir, il tesmoigne son impatience, et dit que l'on fait des ceremonies pour le laisser dehors; cependant, loin d'entrer quand la porte est ouverte, il fait descendre Agnés et l'entretient au milieu d'une place Publique, pendant qu'elle travaille. Il la renvoye quelque temps apres, et bien qu'il arrive d'un voyage, il n'entre pas chez luy, et ne dit point les affaires qui l'empeschent d'y entrer.

ORIANE. Pour cette faute, je ne la puis pardonner à l'Autheur. L'on void bien qu'Arnolphe n'avoit que faire à la ville, et qu'il ne demeure que pour joüer le personnage du Comedien, qui doit attendre Horace, et non celuy d'Arnolphe, qui devoit d'abord entrer chez luy.

ARGIMONT. Nous voicy à l'endroit des cent Pistolles, qui a generallement esté condamné. En effet, quelle apparence y-a-t'il qu'Arnolphe ait cent pistolles toutes prestes, et qu'il les donne à un jeune homme, sur un mot de lettre d'un amy qu'il n'a point veu depuis quatre ans, et avec qui il n'a point eu de commerce depuis ce temps, comme il est marqué dans les vers de la Piece? Cét amy n'est pas raisonnable d'emprunter de l'argent à une personne apres avoir esté si long-temps sans luy escrire. Arnolphe devoit balancer un peu avant que de le donner, se deffier d'un

jeune homme, comme Horace, qui pouvoit avoir contrefait l'es-
criture de son pere. Horace n'a pas plûtost reçeu l'argent d'Arnolphe qu'il luy découvre l'amour qu'il a pour Agnés, et luy dit
que l'argent qu'il a emprunté de luy n'est que pour le faire reüssir; ce qui devroit aussi-tost faire connoistre à Arnolphe qu'il a
mal donné son argent, et que son amy ne luy en emprunteroit
pas pour servir aux débauches de son fils. D'abord ce jeune étourdy peut bien, quoyqu'imprudemment, par une demangeaison de
découvrir sa bonne fortune, raconter à Arnolphe les premiers succez de son amour; mais la froideur avec laquelle ce jaloux l'écoute
devroit l'empescher d'y revenir: cependant il y revient jusques à
cinq ou six fois, bien qu'Arnolphe luy fasse toûjours un accueil
si froid que lorsqu'il le vient trouver dans la sixième Scene du
quatrième Ace, il luy dit jusques à quarante vers, et s'en retourne
ensuite, sans avoir tiré de luy une seule parole, ce qui le rend
ridicule, aussi bien qu'Arnolphe. Ce dernier luy devroit faire
meilleure mine, et, en feignant de le vouloir servir, luy donner
des conseils pour le perdre, ou bien luy jetter de la crainte dans
l'esprit; luy dire que l'on l'êpie, et luy donner des raisons pour luy
faire abandonner Agnés; c'est ce qu'il falloit faire pour autho-
riser cette confidence; c'est ce que le theatre demandoit; et c'est
ce que tout autre auroit fait, à la place d'Arnolphe, qui se
contente de se retourner pour faire des grimaces. Je sçay qu'Elomire dira que cette confidence d'Horace sert à Arnolphe pour luy
faire mettre ordre au dedans du logis, mais ce qui ne se voit point
n'est pas ce qui est le plus necessaire au theatre, et c'est pour
cela que l'on a justement blamé la Piece, de ce qu'elle se passe
toute en recits. Je ne voy pas qu'il soit possible qu'Arnolphe joüe
aux Barres toute la journée, comme Elomire le fait joüer, ny qu'un
Amant aille cinq ou six fois, en un jour, voir sa Maistresse; qu'à
chaque fois il luy arrive des incidents nouveaux, et qu'il aille
autant de fois les raconter à son rival. Je pourrais dire encore
que c'est une chose assez plaisante de voir un jeune garçon dire,
en parlant de l'amour à un homme desja sur l'âge, et qui fait le
Caton, qu'il le servira à la pareille. Arnolphe le devroit menacer
du foüet et de tout découvrir à son Pere.

ORIANE. Elomire n'avoit garde de faire parler Arnolphe
comme il devoit; puisque si Horace eust cessé de voir Agnés, la
Piece eust pû finir dés le premier acte.

ARGIMONT. Peut-on rien voir de plus forcé que l'incident du Grez, et ne fait-il pas connoistre que l'esprit de l'Autheur est à la gesne, lorsqu'il luy faut conduire un sujet? Toutes les preparations de ses incidents sont forcées, et il ne nous fait jamais rien voir de tant soit peu raisonnable que pour le faire paroistre il n'ait auparavant fait des fautes considerables. En même temps que l'avanture du Grez nous fait connoistre l'esprit d'Agnés, elle nous fait voir combien l'esprit de l'Autheur a travaillé pour faire recevoir une lettre à Horace de la part de cette niaise pretenduë.

ORIANE. Le Grez m'a tellement dépleu, non pas pour la lettre qu'Agnez y attache avec beaucoup d'esprit, mais pour le ridicule commandement qu'Arnolphe luy fait de le jetter à Horace, que je ne me puis resoudre à vous laisser parler seul contre ce Grez qu'Arnolphe ne commande pas tant à Agnés de jetter pour blesser Horace que pour luy donner lieu d'y attacher sa lettre. Mais je voudrois demander à ce Mr Arnolphe, ou plustost à Elomire, s'il sçait bien que ce que nous appellons un Grez est un pavé, qu'une femme peut à peine soulever, et qui, par consequent, estant capable d'assommer un homme tout d'un coup, ne doit pas estre jetté en plein jour par une fenestre, et surtout dans une ville qu'il dit estre nombreuse en Citoyens. Je ne sçay pas comment un homme à qui l'on a jetté un Grez, qui doit d'abord prendre la fuite apres une telle reception, et qui n'est point adverty que son bon-heur est attaché à l'instrument avec lequel on le veut faire perir, revient sous la mesme fenestre s'exposer à de nouveaux perils, pour chercher autour du Grez une lettre qu'il n'est pas adverty qu'on y doit mettre et qu'il ne doit pas attendre de l'esprit d'Agnés, qui ne luy est pas encore connu.

ARGIMONT. Vous encherissez sur ce que j'avois à dire du Grez: toutefois Elomire dira peut-estre qu'il n'a pretendu faire jetter par Agnez qu'une petite pierre; mais ce seroit une chose ridicule que de faire jetter une petitte pierre pour épouvanter un homme, et Arnolphe parle du Grez d'une maniere à nous faire croire qu'il n'est pas petit. Horace dit ensuite luy-mesme à Arnolphe, lorsqu'il luy vient raconter son adventure, que le Grez estoit de taille non petite.

ORIANE. Cela fait voir qu'il faut qu'Elomire avouë qu'il a

fait une faute qui en contient plusieurs, puisqu'il ne peut se sauver ny d'un costé, ny de l'autre.

ARGIMONT. Je crois qu'il seroit faché que le public sçeût qu'il a fait de semblables fautes; mais je passe au reste. La Scene qu'Arnolphe fait avec Alain et Georgette, lorsqu'il leur demande comment Horace s'est introduit chez luy, est un jeu de Theâtre qui ébloüit, puisqu'il n'est pas vray-semblable que deux mesmes personnes tombent par simetrie jusques à six ou sept fois à genoux, aux deux costez de leur Maistre. Je veux que la peur les fasse tomber, mais il est impossible que cela arrive tant de fois, et ce n'est pas une action naturelle. Je ne diray rien de la comparaison du Potage, sinon que les personnes d'esprit l'ont trouvée trop forte, et ont dit qu'elle marquoit plustost l'esprit de l'Autheur que la simplicité du Païsan. Lorsqu'Arnolphe veut faire confesser à Agnés qu'un inconnu est venu à sa maison pendant son absence, il s'y prend d'une maniere qui devroit l'empescher d'avoüer la verité et luy fait connoistre que c'est mal fait, avant qu'elle luy dise rien. Il devroit plustost, pour la faire donner dans le panneau avec plus de vray-semblance, luy dire qu'il sçait tout, et qu'elle a bien fait de recevoir les visites de ce jeune homme; ce qui estoit un moyen pour luy faire advoüer, au lieu que l'autre en est un pour l'empescher de tout découvrir.

ORIANE. Cét endroit est bien repris, et j'en avois dé-ja oüy parler à d'autres.

ARGIMONT. Enfin nous voicy à ce mot de deux lettres, qui a fait tant de bruit, à ce le....

ORIANE. Vous pourriez passer par dessus.

ARGIMONT. Ce le....

ORIANE. Laissez ce le.

ARGIMONT. Je pretends faire voir, par les grimaces d'Arnolphe, par les vers qui precedent ce le, par ceux qui le suivent, et par vingt circonstances que....

ORIANE. C'est assez, je n'en veux pas sçavoir davantage, et si....

ARGIMONT. Ah! Madame, excusez, ce le me faisoit oublier que je parlois à vous. (à part) La rougeur qui luy est montée au visage fait assez voir que ce le a perdu sa cause. (haut) Je ne diray point que le sermon qu'Arnolphe fait à Agnés et que les dix maximes du Mariage choquent nos mysteres, puisque tout le monde en murmure hautement; mais je parleray des autres fautes qui s'y rencontrent, dont l'Autheur n'a rien fait dire à Licidas. Arnolphe n'est-il pas ridicule de parler en Theologien à la personne du monde qu'il croit la plus innocente, et de luy parler de moitié supréme, et de moitié subalterne? et ne doit-il pas croire qu'elle ne pourra comprendre tout ce qu'il luy dit? Le mesme Arnolphe ne soûtient pas son Caractere lorsqu'il lit à Agnés les maximes du mariage, et qu'il luy dit, de plus, qu'il les luy expliquera. N'est-ce pas luy vouloir faire connoistre en un quart d'heure ce qu'il a pendant plusieurs années pris soin de luy faire cacher, et luy enseigner les moyens de le faire Cocu, en luy apprenant comment se gouvernent les femmes Coquettes?

ORIANE. Lorsqu'Elomire a fait cette faute, il l'a couverte du brillant de ces maximes: il a crû qu'elles nous éblouïroient, et que les pointes nous empescheroient de connoistre qu'Arnolphe dément son caractere.

ARGIMONT. Je ne sçay si les loüanges que vous luy donnez luy seront agreables; mais pour ne vous pas ennuyer, je passe au Notaire, qui est aussi inutile que Chrisalde, et sans lequel la Piece se pourroit bien joüer, sans qu'il fût necessaire d'y augmenter, ny diminuer rien. La scene qu'il fait avec Arnolphe seroit à peine supportable dans la plus méchante de toutes les farces; et bien qu'elle fasse un jeu au theatre, elle ne laisse pas de choquer la vray-semblance. Il est impossible qu'un homme parle si long-temps derriere un autre sans estre entendu, et que celuy qui ne l'entend pas responde jusques à huit fois à ce qu'on luy dit. Je pourrois dire encore qu'Arnolphe ne doit pas estre entendu, et que ce qu'il dit doit estre pris comme s'il le disoit en luy-méme. Je ne vous diray rien de ce qu'Horace trouve tousjours Arnolphe dans la ruë; de ce que ce dernier y passe presque toute la journée, et y fait venir un siege pour prescher Agnés.

ORIANE. Quoyqu'il depeigne la ville où sa Piece se passe à peu pres comme Paris, il falloit qu'il n'y eust guere de Carosses, puisque l'on y fait si facilement apporter des sieges au milieu des ruës.

ARGIMONT. Je laisse la Catastrophe, que l'on a trouvée detestable, et je passe pardessus beaucoup de choses dont je ne me puis souvenir sans avoir ou sans lire la Piece. Mais je sçay bien qu'il y en a encore une fois autant que je vous en viens de dire. Je ne vous parleray ni des mots impropres, ny des méchants vers, ny des fautes de construction dont on pourroit faire une veritable Critique, que le Chevalier Doriste auroit bien de la peine à combattre.

ORIANE. Vous m'en avez plus dit que je n'en attendois.

ARGIMONT. Comme l'on apprend mieux à juger de la Comedie en prenant souvent ce divertissement qu'on ne fait par les regles, il ne faut pas s'estonner si . . . .

SCENE IV

ORIANE, LUCIE, ARGIMONT, EGISTE

EGISTE. Monsieur, Madame dit que vous disiez où sont les points de Venise que l'on a apporté ce matin. Il y a bien du monde là-bas, et je crois que Monsieur Elomire y est aussi; car il parle avec un autre qui fait aussi des vers, et j'ay oüy qu'il l'a nommé plusieurs fois.

ORIANE. Elomire!

ARGIMONT. Elomire! ah! Madame, permettez que je descende; je meurs d'envie de l'entretenir, et de sçavoir si sa conversation rêpond à son esprit.

ORIANE. Le mesme desir me presse; descendez promptement, et faites en sorte de l'amener icy-haut. Vous n'aurez qu'à luy dire que la pluspart de vos dentelles y sont.

ARGIMONT. Je feray mon possible pour vous l'amener.

SCENE V

ORIANE, LUCIE

ORIANE. Tous ce que je fais n'est que pour gagner du temps. Je suis dans une inquietude extrême, et je ne sçay pourquoy Melante tarde tant à se trouver au rendez-vous.

LUCIE. Ne craignez pas qu'il y manque; si vous avez la peine d'attendre, ce n'est que pource que vous estes venuë long-temps avant l'heure que vous luy avez donnée.

ORIANE. Je crois que nous nous pourrons aujourd'huy entretenir, sans craindre que mon Pere nous surprenne; et s'il nous a trouvez plusieurs fois ensemble, c'est que nous estions dans des lieux publics, comme sont les Temples et les Jardins.

LUCIE. Ne vous persuadez pas tant que vous estes en asseurance; on pourroit nous avoir épiées: vostre Pere est aussi fin que vous; il estoit trop en colere la derniere fois qu'il vous trouva avec Melante; et bien que vous luy ayez fait croire que vous alliez rendre visite à vostre Cousine Orphise, je ne sçay s'il aura pris cela pour argent comptant, et s'il ne nous aura point fait suivre.

ORIANE. Tu t'allarmes en vain; j'iray au sortir d'icy chez ma Cousine. Mais à propos, il me semble avoir oüy dire que l'Oncle de Melante est bien malade: cette mort avanceroit bien mes affaires, et si celuy que j'aime avoit tous ses écus, je crois que mon Pere consentiroit bien-tost à nostre Mariage.

LUCIE. Je n'en doute nullement. Mais il faut que l'amour vous tourmente bien, puisqu'il ne vous souvient pas que c'est moy qui vous ay donné cette bonne nouvelle. Ce matin en allant au Temple, j'ay rencontré Geronte qui m'en a fait part.

ORIANE. Helas!

LUCIE. Vous soupirez; est-ce de peur que la santé ne luy revienne?

ORIANE. Que je suis mal-heureuse de ne pouvoir venir à bout de mes affaires sans le mal-heur d'autruy!

LUCIE. Je ne croy pas que ce mal-heur luy arrive si tost que vous voudriez: tous les malades ne meurent pas, et il y a souvent bien du chemin entre la maladie et la mort; mais voicy le Marchand.

SCENE VI

ORIANE, LUCIE, ARGIMONT

ARGIMONT. Madame, je suis au desespoir de n'avoir pu vous satisfaire; depuis que je suis descendu, Elomire n'a pas dit une seulle parolle. Je l'ay trouvé appuyé sur ma boutique dans la posture d'un homme qui rêve. Il avoit les yeux colez sur trois ou quatre personnes de qualité qui marchandoient des dentelles; il paroissoit attentif à leurs discours, et il sembloit, par le mouvement de ses yeux, qu'il regardoit jusques au fond de leurs ames pour y voir ce qu'elles ne disoient pas: je crois méme qu'il avoit des tabletes, et qu'à la faveur de son manteau, il a escrit, sans estre apperceu, ce qu'elles ont dit de plus remarquable.

ORIANE. Peut-estre que c'estoit un crayon, et qu'il dessignoit leurs grimaces, pour les faire representer au naturel sur son theatre.

ARGIMONT. S'il ne les a dessignées sur ses tablettes, je ne doute point qu'il ne les ait imprimées dans son imagination. C'est un dangereux personnage: il y en a qui ne vont point sans leurs mains; mais l'on peut dire de luy qu'il ne va point sans ses yeux, ny sans ses oreilles.

ORIANE. On commance à se defier partout de luy, et je sçay des personnes qui ne veulent plus qu'il vienne chez elles. Mais enfin, qu'est-il devenu?

ARGIMONT. A peine les personnes dont je vous viens de parler estoient-elles sorties que j'ay oüy la voix d'un homme, qui crioit à son cocher d'arrester. Le Carosse s'est aussi-tost arresté, et le maistre qui paroissoit un homme de Robbe a crié à Elomire: Il faut que vous veniez aujourd'huy disner avec moi; il y a bien à profiter; je traite trois ou quatre Turlupins, et je suis asseuré que vous ne vous en retournerez pas sans remporter des sujets pour deux ou trois Comedies. Elomire est monté en Carosse, sans se faire prier, et le Cocher en donnant un coup de foüet à ses Chevaux a emporté l'esperance que j'avois de l'entretenir. Aristide, dont le nom n'est pas moins connu que celui d'Elomire, estoit pendant cela occupé à regarder des dentelles. Je luy ay dit que j'en avois de belles icy-haut que je luy voulois montrer, et je crois qu'il ne tardera gueres à me suivre.

ORIANE. C'est un galand homme, et je crois que sa conversation doit estre fort agreable.

ARGIMONT. J'oubliois de vous dire qu'Elomire, en montant en Carosse, a laissé tomber de sa poche un papier, que j'ay aussi-tost ramassé. Je ne sçay pas encore ce qu'il contient.

ORIANE. L'on peut lire tous les papiers des Poëtes sans scrupule; et je gagerois que ce sont des Vers, ou que c'est le dessein de quelque ouvrage. Lisez-le viste, devant qu'Aristide monte; et comme nous avons déja parlé de l'*Escole des Femmes,* dés que vous l'aurez leu, nous parlerons de la *Critique.*

ARGIMONT. Je vais vous obeïr. *(Il lit)*

"Comme je ne voulus pas hier, devant tous ceux qui nous écoutoient, vous découvrir mes veritables sentimens touchant vostre Critique, *je me suis resolu de vous les escrire. Ne trouvez pas estrange, si je vous dis que vôtre merite avoit pour ce coup besoin d'estre soutenu de vôtre bon-heur, puisque c'est une verité dont je pretens vous convaincre. Je ne croy pas que cette Piece, qui n'est en beaucoup d'endroits qu'une imitation de celles que vous nous avez dé-ja fait voir, eust pû reussir, sous le nom d'un autre. Vôtre Marquis a bien du rapport avec celuy de Mascarille, et avec le Lisandre, l'Alcipe, et le Dorante des* Fascheux. *L'on peut dire que tous ces personnages font les mesmes extravagances, et que par les mesmes choses vous joüés égallement, dans ces six personnes, les gens de qualité. Climene n'est qu'un Marquis de Mascarille, travesty en femme; et si l'on vous l'a pardonné, ce n'est pas que plusieurs ne s'en soient apperceux. Pour ce qui est des mots pretieux, dont vostre Piece est pleine, vous avez beaucoup risqué de les faire encor une fois monter sur le Theatre, et je crois que sans le bonheur qui vous accompagne, ils auroient dépleu aux* François, *qui n'ayment pas moins les divertissemens nouveaux que les modes nouvelles. L'on connoist, par là, que vous estes bon mesnager, et que vous n'avez pas voulu perdre ce qui vous restoit des memoires que l'on vous donna lorsque vous travaillastes aux* Precieuses. *Je n'avois pas creû, jusques-icy, que ceux qui sont en toutes manieres les plus braves de la Cour fussent si patiens que de se souffrir appeller Turlupins en plein*

Theatre, sans en témoigner le moindre ressentiment; et je croy que vostre bonheur les a empeschez de se plaindre. Pour vôtre Le, *vous sçavez bien, entre nous, que vous ne le pouvez justifier. Vous dites que vous n'avez rien mis contre la bienseance; j'en demeure d'accord; mais ce n'est qu'un faux-fuyant qui ne vous peut servir d'excuse, et vous ne pouvez nier que vous ne l'ayez mis pour donner lieu d'agir à l'imagination. L'on s'étonne comment vous l'avez fait condamner par une femme qui, selon son caractere, le devroit approuver, et defendre par celle qui le devroit condamner. Je n'en sçay point d'autre raison, sinon que vous avez voulu traicter de foux ceux qui ont dit du mal de vôtre* Escolle des Femmes. *C'est une adresse malicieuse, et qui marque que la vanité est inseparable des personnes d'esprit."*

ORIANE. Vous me deviez faire la Critique de la *Critique;* mais je croy qu'apres cela, vous ne vous en donnerez pas la peine.

ARGIMONT. Ce n'est pas encore tout.

ORIANE. Lisez donc viste le reste.

ARGIMONT *(poursuit).* *"Comme vous avez douté de la bonté de vostre cause, vous n'avez repris que des bagatelles et n'avez point parlé des fautes considerables; et ce qui me surprend est que vous n'avez pas deffendu tout ce que vous avez repris, et que vous avoüez qu'Arnolphe a eu grand tort de prester les cent pistoles à Horace. Vous deviez en donner quelques raisons apparentes ou laisser cet endroit sans en parler, comme vous avez fait beaucoup d'autres. Les trois personnes que vous faites parler contre vostre* Escolle des Femmes *sont un Marquis que vous nous depeignez comme un ridicule, et qui avoüé luy-mesme qu'il n'a pas voulu écouter la Piece; un Autheur qui en qualité d'Autheur, c'est à dire de personne interessée, ne doit pas estre crû; et une femme que vous faites folle. L'on connoist, par là, que vous avez douté de la bonté de vostre Piece, puisque si vous l'aviez cruë bonne, vous ne vous seriez pas fait attaquer par des personnes à qui les gens raisonnables ne doivent point adjoûter foy; c'est pourquoy vostre Chevalier ne doit pas tirer beaucoup de gloire de la victoire qu'il remporte sur de si foibles ennemis. Pour la conduite du sujet, je croy qu'elle ne vous a pas fait beaucoup de peine; l'on n'avoit encore veu de Comedie de cette maniere, et le denoüement en est aussi spirituel que celuy de l'Escolle des*

Femmes. *Il y a quelques gens delicats qui la trouvent ennuyeuse, et si vous voulez que je vous parle avec franchise, je ne les condamne point d'estre dans ce sentiment. Cela n'empesche pas que vous n'ayez de grandes obligations au Chevalier Doriste, dont vous avez si bien tourné les Vers en Prose, et si ce galand homme se vouloit mêler d'escrire, je croy que vous auriez un redoutable Rival. Vous ne fistes jamais mieux que de faire publier, avant que de faire joüer vôtre* Critique, *que l'on vous avoit envoyé un Billet par lequel on vous menaçoit de coups de bastons si vous la joüés. Plusieurs personnes ont crû que cela estoit veritable, et l'ont esté voir, croyant que vous y depeigniez de certaines gens, à quoy vous n'avez jamais songé. J'oubliois à vous dire que tout le commencement du Rolle de Licidas est tiré des* Nouvelles Nouvelles *et que vôtre Chevalier se divertit aux despens de Monsieur l'Abbé Daubignac, qui s'en est luy-mesme bien apperceu; mais comme chacun vous loüe de parler contre ceux qui escrivent contre les grands hommes, je n'ay garde de vous en blâmer. Si vous voulez venir dîner un de ces jours avec moy, je vous donneray des memoires dont vous pourrez facilement servir dans le sujet que vous m'avez dit que vous vouliez traitter."*

Licaste

ORIANE.   Je ne connois personne à la Cour qui s'appelle ainsi. Mais voicy Monsieur Aristide.

LUCIE *à Oriane.*   Ah! Madame, c'est un Poëte à dentelle et à grands cheveux!

ORIANE *au Marchand.*   Il est dans son humeur réveuse; il compose sans doute, et nous ne le pourrons faire parler jusqu'à ce qu'il ait tourné à sa fantaisie la pensée qui l'occupe presentement.

SCENE VII

ORIANE, LUCIE, ARGIMONT, ARISTIDE

ARISTIDE *à demy bas, en rêvant, et passant sa main sur son front. Si* je pouvois trouver un mot qui eust assez de force pour exprimer seul... mais il est impossible. Il faut que.... *(Il se*

trouve tout contre Oriane) Ah! Madame, excusez, je ... si ... je
ne vous voyois pas.

ORIANE. Monsieur, vous n'avez rien fait qui ne soit ordinaire
aux personnes d'esprit. *(au Marchand)* N'ais-je pas connu d'abord
que son esprit estoit sur le Parnasse?

ARGIMONT. Je ne sçay, Monsieur, si avant que de vous
monstrer ce que vous souhaittez de moy, je ne devrois point
vous prier de prendre un siege.

ARISTIDE. Il ne seroit pas mal à propos; je puis, quand je
voudray, examiner vos dentelles, mais je ne trouveray pas tousjours
l'occasion d'entretenir Madame.

ARGIMONT *à Oriane.* Il y avoit long-temps que j'avois envie
de sçavoir comment parlent les Autheurs, et si leur conversation
répond à leurs ouvrages.

ORIANE. Je ne croy pas que celuy-cy vous fasse aujourd'huy
connoistre son esprit par ses discours; il est des-ja retombé dans
sa réverie; ces Messieurs ne parlent pas tousjours tant que vous
vous imaginez, et ils composent souvent au milieu de dix ou
douze personnes, de même que dans leur Cabinet.

ARISTIDE *en révant tousjours.* A la fin, j'en suis venu à
bout .... Mais non, ce mot-là ne vaudroit rien.

ORIANE. Ces Messieurs s'ennuyent dans toutes les conversa-
tions où l'on ne parle pas des choses qui leur servent d'occupation.
Avec un faiseur de Romans, il faut parler de Romans; avec un
Historien, d'Histoires; et avec ceux qui travaillent pour le Theâtre,
il faut parler de Comedie et de Vers; et pour vous en faire voir
l'experience, nous n'avons qu'à nous entretenir de ces matieres, et
vous verrez que Monsieur Aristide sortira aussi-tost de sa réverie
et parlera tant, que l'on aura de la peine à le faire taire.

ARGIMONT. Ce que vous dites me surprend.

ORIANE. Vous en allez voir l'effet. Il faut avoüer que c'est un
agreable divertissement que la Comedie. *(Aristide leve la teste et
escoute)* Pour moy, je l'ayme furieusement, et je veux mal à ceux
qui ne la peuvent gouster.

ARISTIDE. Ce que vous dites en faveur de la Comedie est
veritable, et ceux qui ne l'ayment point ne sçavent pas connoistre
les belles choses. C'est la passion de tous les honnestes gens, et
c'est le plaisir le plus pur que l'on puisse prendre. La Comedie

est aymée de tout le monde; les personnes de qualité l'ayment passionnément; et les Bourgeois ne l'ayment pas moins; aussi faut-il avoüer que les vers, dont on se sert pour sa composition, ont des charmes qui attirent tout le monde. Ce langage a quelque chose de Divin, et ceux qui ont dit que c'estoit le langage des Dieux ne se sont pas trompez. Les grands hommes ont de tout temps estimé les vers, et se sont pleus à en faire; et je vous pour-rois nommer vingt Empereurs, et autant de Rois, qui ont pris souvent cette agreable occupation, et nous voyons, même presentement, que presque toute la noblesse se mesle d'en faire.

ORIANE. Ce que vous dites est veritable, et pour moy, je trouve que l'on a grand tort d'appeller les Poëtes fous, puisque Solon, qui estoit un des sept Sages de Grece, a esté le plus grand Poëte de son temps. Mais dites-moy, Monsieur, puisque nous sommes sur le chapitre de la Comedie, ne sçavez-vous point qui est le Licidas de la *Critique de l'Escole des Femmes*?

ARISTIDE. Ma foy, je sçay bien que si c'estoit moy, je joüerois autrement mon personnage, et que j'embarasserois bien le Chevalier de la *Critique*. Ce Licidas n'est pas un bon Advocat, il devroit demander la replique.

ORIANE. Elomire y met bon ordre, et ne fait dire que l'on a servy sur table qu'afin qu'il n'ait pas le temps de repliquer.

ARISTIDE. L'on peut dire qu'Elomire est un galand homme, et qu'il sçait bien nous tromper à son advantage, puisqu'au lieu de la Critique de l'*Escole des Femmes*, il nous en fait voir l'apologie.

ORIANE. Vous pouviez bien croire qu'en s'attaquant luy-mesme, il ne se feroit pas beaucoup de mal. C'est une chose assez naturelle que de s'épargner; mais encore, qui est ce Licidas?

ARISTIDE. C'est par ma foy un grand homme, puisque l'on dit qu'il represente seul tous les Autheurs qui travaillent pour le Theâtre.

ORIANE. Les Autheurs se sont fait tort à eux-mesmes lorsqu'ils ont eu cette pensée. On ne doit, sous tous les personnages de la Critique, regarder que l'Autheur qui l'a faite, et le rolle que joüé Licidas est un rolle qu'Elomire a souvent joüé d'original. Mais qu'entens-je?

SCENE VIII

ORIANE, LUCIE, ARISTIDE, ARGIMONT, ZELINDE, EGISTE

ZELINDE *au garçon d'Argimont.* Ne bougez, mon enfant, je trouveray bien la chambre; mais je pense que m'y voicy.

EGISTE *en s'en allant.* Ouy, Madame.

ZELINDE. Mais que vois-je? je pense que c'est Monsieur Aristide! ah! que je suis aise de vous rencontrer icy; l'on ne m'avoit pas dit qu'il y avoit si bonne compagnie icy-haut, et je croyois n'y trouver que le Maistre. *(à Argimont)* Monsieur, vous me permettrez bien de l'entretenir avant que d'acheter ce qu'il me faut.

ARGIMONT. Vous le pouvez, Madame. *(à Oriane à part)* Connoissez-vous cette Dame?

ORIANE *pendant que Zelinde s'assit.* C'est un de ces grands esprits du siecle: c'est l'illustre Zelinde qui escrit si bien en vers et en prose; nous n'avons qu'à escouter, elle va seule entretenir toute la compagnie.

ZELINDE. Vrayement, Monsieur, il faut que je vous fasse un reproche, et que je me plaigne de ce que vous ne me venez plus voir.

ARISTIDE. Ce reproche est des plus obligeans.

ZELINDE. Il faut que vous me veniez voir un de ces jours; j'ay les choses du monde les plus plaisantes à vous donner, et qui produiront de merveilleux effets au Theatre; ce sont de ces choses du temps qui sont presentement à la mode et qui de plus sont veritables.

ARISTIDE. Je vous seray beaucoup obligé.

ZELINDE. Attendez, si je pouvois m'en ressouvenir.

ARISTIDE. Il ne faut qu'un mot pour vous faire ressouvenir de tout.

ZELINDE. Ouy, mais il le faut trouver. *(En resvant et portant sa main sur son front)* Ah! j'avois tantost une vision....

ARISTIDE. Si....

ZELINDE. Je tiens quelque chose. Il faudroit depeindre de ces discrettes medisantes; de ces femmes de *si* et de *mais*, qui disent

tousjours du bien en medisant; ou plutost, qui medisent en disant
du bien. Quoy que l'on leur puisse dire à l'avantage d'une personne, elles l'avoüent; mais elles ne manquent jamais ensuitte de se
servir du *si* ou du *mais*. Si l'on leur dit qu'une personne est belle:
Ouy, diront-elles, elle est belle, elle a de l'esclat, et si, elle a les
yeux ronds, la bouche platte et la taille malfaite. Si on dit qu'une
autre est vertueuse, elles l'avoüeront encore, et diront ensuitte:
Mais l'on dit telles et telles choses d'elle; je sçay bien que ce sont
des faussetez, mais enfin la medisance ne laisse pas que de les
publier, et cela nuit beaucoup à sa reputation. Entrez-vous bien
dans le sens de ce que je vous dis, et n'y trouvez-vous pas de
quoy faire quelque chose de beau, et de bien à la mode?

ARISTIDE. Ah! je tourneray cela à merveille, et je ne doute
point du succez, puisque les Satires sont à la mode.

ZELINDE. Il faut, si vous voulez reussir, que vous preniez la
maniere d'Elomire, et que vous tâchiez de le surpasser; c'est
pourquoy vous devez, pour adjouter quelque chose de beau à ce
que je vous viens de dire, lire comme luy tous les livres Satiriques,
prendre dans l'Espagnol, prendre dans l'Italien, et lire tous les
vieux Bouquains. Il faut avoüer que c'est un galand homme, et
qu'il est loüable de sçavoir si bien se servir de tout ce qu'il lit
de bon. Prenez hardiment; l'exemple d'un homme qui reussit est
bon a suivre; tout ce qui est sur papier est mort, mais le jeu
l'anime, et fait que l'on ne le reconnoist plus. Croiriez-vous que
la Scene du *Cocu imaginaire*, où Sganarelle dit qu'il devoit jetter
le chappeau et crotter le manteau de celuy qu'il croit le galand
de sa femme, fût toute entiere dans *Francion*?

ARISTIDE. Ce que vous dites me surprend.

ZELINDE. Si je m'en pouvois ressouvenir, je vous en dirois
bien d'autres. N'avez-vous pas leu les satires de Renier?

ARISTIDE. Ouy.

ZELINDE. Et vous n'avez pas remarqué que le recit que l'on
fait dans les *Fâcheux*, de celuy qui se prie pour dîner, est une
satire de Renier toute entiere?

ARISTIDE. Ce que vous dites est veritable, et je n'y puis songer
sans faire paroistre la surprise que me cause le bon-heur d'Elomire.

ORIANE. Il est vray qu'il y a de quoy estre furieusement
surpris.

ARGIMONT. Si les morts pouvoient parler, l'on ne les voleroit pas si souvent que l'on fait.

ZELINDE. Pour ce qui est de l'*Escole des Femmes*, tout le monde sçait bien qu'Elomire n'a rien mis de luy dans le sujet, que la *Precaution inutile* luy en a fourny les premieres idées, et qu'un Jaloux y fait élever aussi bien qu'Arnolphe une fille dans un Convent; qu'il y est parlé de la vieille, et que l'incident de l'armoire est tiré de cette mesme Nouvelle. L'on sçait bien aussi que la confidence qu'Horace fait à Arnolphe de son amour, qui, comme Elomire advouë luy-mesme dans sa critique, est ce qui fait tout le brillant de sa Piece, est une histoire de Straparolle.

ARISTIDE. Quoyque tout ce que vous dites soit veritable, la reputation d'Elomire est si bien establie que si un autre avoit fait quelques Pieces sur ces matieres du temps, beaucoup plus belles que les siennes, l'on diroit, d'abord, que ce ne sont que des Copies.

ZELINDE. Je sçay bien que quand vous auriez fait une Piece infiniment plus belle que celle d'Elomire, que la preoccupation que l'on a pour luy feroit dire d'abord que vostre piece seroit passable, et que vous pouvez faire quelque chose. Je sçay, de plus, qu'il faut que vous en fassiez deux ou trois de suite, pour faire voir que vous sçavez aussi bien toucher la Satire que cét Autheur approuvé; et qu'apres cela, l'on commencera à connoistre que tout l'esprit n'est pas dans une teste, et que faire des Satires du temps, sans travailler sur les mêmes sujets, n'est point imiter Elomire, mais faire aussi bien que luy.

ARISTIDE. Je vois bien que ce que vous dites devroit estre; mais je crains que....

ZELINDE. Il me vient de venir une plaisante vision, et je vous vais donner un sujet beaucoup plus satirique que celuy dont je vous parlé; et si vous le traittez bien, vous establirez tout d'un coup vôtre reputation. Vous sçavez qu'Elomire a fait l'Apologie de son *Escolle des Femmes*, sous le nom de la *Critique*.

ARISTIDE. Ouy.

ZELINDE. Il faudroit que vous fissiez la Critique, sous le nom d'Apologie. Ah! que ce seroit une bonne Piece! si vous laissez échapper cette occasion, vous ne la recouvrerez jamais. L'on pourroit, de son sujet, faire une Satire inimitable, en faisant seulement

que ceux qui deffendent l'*Escolle des Femmes* la combattent,
et que ceux qui la combattent la deffendent. Ne seroit-ce pas
une chose bien divertissante de voir le Marquis donner mille
louanges à *Tarte à la Cresme,* et de l'entendre crier au lieu de:
Voilà qui est detestable! *Tarte à la Cresme* est incomparable,
morbleu, incomparable! c'est ce que l'on appelle incomparable! et
du dernier incomparable! Cela ne feroit-il pas un plaisant effet?

ARISTIDE.   Ce que vous dites me surprend, et le Marquis de
la *Critique,* que j'avois jusques icy pris pour un ridicule, me
paroist raisonnable; et il n'y a point de doute qu'il fait paroistre plus d'esprit en blasmant *Tarte à la Cresme* qu'il ne feroit en
le loüant.

ORIANE.   La raillerie seroit fine, et feroit changer de sentimen
à bien des gens.

ARGIMONT.   Il s'en faut peu que ce que Madame a dit ne me
fasse joüer le rolle du Marquis, et que je ne m'êcrie que cela est
du dernier incomparable.

ORIANE.   Cela feroit le meilleur effet du monde, apres l'avanture de *Tarte à la cresme* arrivée depuis peu à Elomire. Je crois
qu'elle luy fera doresnavant bien mal au coeur, et qu'il n'en
entendra jamais parler, ny ne mettra sa perruque, sans se ressouvenir qu'il ne fait pas bon joüer les Princes, et qu'ils ne sont
pas si insensibles que les Marquis Turlupins.

ZELINDE.   Vous avez raison, et cette avanture fait voir que ce
Prince qui blâma d'abord l'*Escolle des Femmes* avoit plus de
lumieres que les autres. *(à Aristide)* Mais Monsieur, j'ay bien
encore un autre sujet. Si vous vouliez, tout de bon, joüer Elomire,
il faudroit dépeindre un homme qui eust dans son habillement
quelque chose d'Arlequin, de Scaramouche, du Docteur, et de
Trivelin, que Scaramouche luy vînt redemander ses demarches, sa
barbe, et ses grimaces, et que les autres luy vinssent en mesme
temps demander ce qu'il prend d'eux dans son jeu et dans ses
habits. Apres cela il les faudroit faire revenir tous demander
ensemble ce qu'il a pris dans leurs Comedies. Dans une autre
Scene, l'on pourroit faire venir tous les Autheurs et tous les vieux
Bouquains où il a pris ce qu'il y a de plus beau dans ses pieces.
L'on pourroit ensuite faire paroistre tous les gens de qualité qui
luy ont donné des memoires, et tous ceux qu'il a copiez.

ARISTIDE. Je crois bien que s'il estoit obligé de faire une entiere restitution, qu'il resteroit, non seulement nud, mais que ses Ouvrages seroient aussi dépoüillez de ce qu'ils ont de plus beau.

ZELINDE. C'est ce que je voudrois que vous fissiez paroistre.

ARISTIDE. Je n'ay garde de faire une Satyre si sanglante, mais quand je la ferois, croyez-vous que les Comediens la voulussent joüer?

ZELINDE. Je ne crois pas que les Comediens en deussent faire aucun scrupule; il les a choquez plus d'une fois, et je ne vois pas qu'il soit besoin d'interprete pour connoistre que dans sa *Critique* il les appelle ignorans, et qu'il veut persuader qu'ils ne sçavent pas juger d'une Piece de Theâtre.

ORIANE. Jamais je ne fus si surprise que lorsque j'oüis reciter cét endroit; si en faisant la Comedie, les Comediens ne peuvent apprendre à en juger, je ne sçay pas où Elomire en a tant appris.

ARGIMONT. L'on voit en sa personne un exemplaire du contraire de ce qu'il dit contre les Comediens.

ARISTIDE. Depuis qu'il a la qualité d'Autheur, il ne croit plus que les Comediens soient ses confreres.

ZELINDE. Ce que vous dites est veritable; mais revenons un peu au sujet dont je vous parlois. Si vous croyez que la Satyre fust trop piquante, il ne faudroit point nommer Elomire; et s'il se nommoit luy-mesme, ce seroit une marque que l'on auroit aussi bien fait son Portrait qu'il a fait celuy de beaucoup d'autres.

ORIANE. Quand cela le choqueroit, je ne croy pas qu'il en témoignast rien.

ZELINDE. Il n'auroit garde de s'en plaindre, et je suis assuré qu'il le souffriroit avec autant de patience que font ceux qu'il dépeint tous les jours.

ORIANE. Il ne fait que changer les Comtes en Marquis, quand il veut joüer les autres.

ZELINDE. Il me vient encore de venir une plaisante idée. Je voudrois le faire berner, et faire tenir la couverture par quatre Marquis.

ARISTIDE. Les Marquis l'aiment trop, et se mettroient peut-estre à sa place, afin qu'il les bernast en toutes manieres. Je n'ay garde de jouer leur bon amy, je serois perdu si je l'avois fait, et je risquerois bien moins à les jouer eux-mesmes. Ceux qu'il dépeint le mieux font tout ce qu'ils peuvent pour le soutenir, de peur qu'un autre ne fit pas si bien connoistre ce qu'ils ont de ridicule. Ils ayment mieux se mirer dans les vivans miroirs d'Elomire que dans les leurs, et ils trouvent que l'amertume de la Satyre a quelque chose qui leur est utile.

ORIANE. Elle est utile à ceux qui s'en corrigent; mais il me semble que le nombre en est petit.

ZELINDE. Ils seroient bien faschez de s'en corriger. Elomire veut tourner en ridicule un certain air de qualité qui les distingue des Bourgeois; c'est pourquoy ils seroient bien faschez que l'on les obligeast à s'en deffaire.

ORIANE. S'il est ainsi, pourquoy font-ils si bonne mine à Elomire, et pourquoy ceux qu'il depeint le mieux l'embrassent-ils lorsqu'ils le rencontrent?

ZELINDE. C'est pour ce qu'il leur donne sujet de se rire les uns des autres, et de s'appeller, entre eux, Turlupins, comme ils font à la Cour, depuis qu'Elomire a joüé sa *Critique*.

ORIANE. Cela devroit obliger Monsieur Aristide à travailler.

ARISTIDE. La reputation d'Elomire n'est déjà que trop bien establie; je n'ay garde de travailler pour l'affermir davantage, et je suis asseuré que plus on le critiquera, plus on le fera reussir.

ZELINDE. Dites que plus on le laissera sans Rival, plus il reussira.

ARGIMONT. En effect, il triomphera toujours tant qu'il n'aura point d'Ennemis à combattre, et que ceux qui pourroient travailler bien que luy n'oseront faire voir de quoy ils sont capables.

ARISTIDE. Il ne faut jamais se mocquer des heureux, ny des miserables, puisqu'il est impossible d'arester le bon-heur des uns, et qu'un honneste homme ne se doit point moquer des autres. Pourquoy voulez-vous que j'aille ruiner ma reputation, en attaquant un homme que tous les Turlupins de France asseurent que l'on ne pourra jamais imiter? Et bien qu'ils disent cela sans sçavoir ce qu'un autre est capable de faire, l'on les doit neantmoins croire, puisqu'ils y sont les plus interessez.

ZELINDE. Quoy! vous estes encore dans cette pensée? Faites rire comme luy, et vous reussirez. Ils ne prennent son party que parce qu'il les divertit; rencherissez sur la satire, accommodezvous au goust du siecle, et vous verrez si l'on ne dira pas que vous aurez autant de merite qu'Elomire.

ARISTIDE.   Mais . . . .

ZELINDE.   Quoy? mais . . . .

ARISTIDE.   Mais il a le vent en poupe.

ZELINDE.   Et c'est pour cela qu'il le faut attaquer, afin de faire retourner ce vent. Quoy! si un Prince avoit un ennemy puissant, et qu'il eust gagné la moitié de ses Provinces, ne devroit-il s'opposer à ses succez qu'apres luy avoir laissé prendre le reste de ses Estats?

ARISTIDE.   Quoy que vous me puissiez dire, je craindrois de ne pas reussir, et de donner, par ma deffaite, de l'esclat à la gloire d'Elomire.

ZELINDE.   Quoy! vous craignez d'attaquer un homme qui n'épargne pas le sexe? Et les Autheurs, qu'Elomire joüe sous le nom de Licidas, sont aussi lâches que les Courtisans, qu'il joüe sous le nom du Marquis Turlupin. Ah! que je ne suis pas si patiente! Il m'a voulu joüer par ce vers: *Et femme qui compose en sçait plus qu'il ne faut.* Il aura dit vray, et j'en sçay plus qu'il ne faut pour me vanger de luy. Je ne vous ressembleray point, Pacifiques poudrez, Courtisans armez de peignes et de canons, qui faites la Cour à celuy qui vous joüe publiquement! Une femme vous enseignera vostre devoir. Quoy! s'attaquer au sexe! *Et femme qui compose en sçait plus qu'il ne faut.* Quoy! blasmer le sexe et l'esprit tout ensemble! Sans doute qu'il veut que nous soyons aussi stupides et aussi ignorantes que son Agnés; mais il ne prend garde que l'ignorance et la stupidité font faire des choses à de semblables bestes dont il n'y a que les personnes d'esprit qui se puissent deffendre.

ORIANE *à part.*   Si le retardement de Melante ne me causoit point de chagrin, j'aurois icy de quoy me bien divertir.

ZELINDE.   Je feray voir que son *Escolle des Femmes* est la plus méchante piece qui ait jamais esté faite, et que sans ce *le*, cét impertinant *le* qu'il a pris dans une vieille chanson, l'on n'auroit jamais parlé de cette Comedie. Il auroit esté bien fasché que l'on ne l'eust pas pris dans le sens qu'on a fait; mais si ce *le* est cause que l'on a tant parlé de sa Piece, il a, pour le mettre, esté obligé de faire une faute considerable, puisque ce *le* est cause qu'Horace dement son caractere. C'est un jeune homme qu'il depeint fort amoureux; il rencontre une niaise qui luy laisse baiser ses mains et ses bras, et qui advoüe qu'elle luy en eust accordé davantage s'il luy eust demandé; cependant, au lieu de pousser sa fortune, il se contente de luy prendre un ruban. L'on connoist bien par là que l'Autheur a plus regardé le jeu que ce *le* faisoit au Theatre que la vrayesemblance.

ORIANE. Je trouve que les fautes d'Elomire sont plus pardonnables que celles des autres, puisqu'il n'en fait gueres qu'il ne les couvre de quelque brillant afin de nous empescher de les connoistre.

ZELINDE. Je les développeray bien, malgré tous leurs brillants. Je sçay ce que c'est que la Comedie, et je ne suis pas du nombre de celles qui se laissent dupper par le jeu; l'on ne m'éblöuit pas de la sorte; et les beautez que le theatre preste à une Piece que l'on joüe bien ne m'empeschent pas de l'examiner dans le fond. Est-il possible qu'il y ait de gens qui ne s'apperçoivent pas qu'il n'y a rien de plus inégal que le Rolle d'Agnés, et que l'esprit luy vient en vingt-quatre heures?

ORIANE. Je crois que l'on pourroit dire qu'il luy vient en douze, puisque ces ving-quatre ehures comprenant un jour et une nuit, il faut qu'elle en donne la moitié au sommeil; c'est pourquoy l'on pourroit dire que l'esprit luy vient en dormant.

ZELINDE. Jamais je ne vis rien de si ridicule, et il faut n'estre pas en bonne intelligence avec la raison pour nous vouloir faire approuver des choses où l'on ne peut rien trouver qui approche de la vray-semblance. Dés qu'Agnés paroist sur la Scene, elle fait connoistre qu'elle est aussi niaise qu'Arnolphe la depeint; elle dit que le petit chat est mort; elle confesse qu'un homme l'est venu voir, qu'il luy a pris les bras, qu'il luy a pris un ruban, et qu'elle n'a pas voulu le laisser mourir faute d'assistance. Elle dit encore cent autres choses qui font connoistre qu'elle est la plus niaise personne du monde; cependant, deux heures apres, elle escrit une lettre qui ne peut vray-semblablement partir d'une personne qui a joüé un semblable personnage; et ce qui est de plus ridicule est qu'à la fin de la Piece elle paroist tout à fait spirituelle, lorsqu'elle dit à Arnolphe qu'il ne l'a pas bien élevée et qu'il a bien operé en la faisant instruire. Cette niaise spirituelle, que je ne sçay comment nommer, ne devroit point sçavoir êcrire, et Arnolphe n'en doit pas estre quitte pour dire que, contre son dessein, l'art luy en fut découvert. Il devoit avoir deffendu que l'on luy apprist à écrire, cela estoit de son caractere, affin qu'elle ne pût ny êcrire à un Galand, ny recevoir de ses billets, ny lire aucun livre qui la pût instruire de ce qu'il vouloit qu'elle ignorast, et qui luy pût mettre l'amour dans la teste. Il n'est pas vray-semblable que l'on luy eust appris à écrire, sans qu'il le sceut; et comme il la faisoit élever à ses dépens, il devoit sçavoir si l'on luy contoit les mois d'un maistre écrivain, ou d'une maistresse; car ces sortes de gens ne laissent point passer plusieurs années sans demander de l'argent. Elomire a fait toutes ces fautes pour faire paroistre l'incident du Grez, et pour faire écrire une lettre à Agnés qu'une fille telle que l'on nous la dépeint, et telle qu'Agnés paroist dans ses discours, ne devoit point écrire; et l'on ne voit rien dans cette lettre qui approche des naïvetez qu'elle dit sur la Scene, ny de la demande qu'elle avoit fait peu de jours auparavant pour sçavoir si l'on faisoit des enfans par l'oreille. Je pourrois dire que pendant tout el temps qu'elle paroist niaise, elle s'exprime en bien des endroits avec des termes qu'il est impossible qu'elle sçache; mais je ne m'attache pas à ces bagatelles.

ARISTIDE. Je cesse d'admirer Elomire, et vous meritez toutes les loüanges que je croyois que l'on devoit à cet Autheur Comique.

ZELINDE. Horace n'est-il pas ridicule de mettre sa Maistresse entre les mains d'Arnolphe, qui est un homme déja sur l'âge, et, de plus, un des amis de son pere? Je sçay qu'Elomire dira qu'Horace est un estourdy; mais ce n'est pas une raison, et pour excuser ses fautes, il n'auroit qu'à dire que tous ses personnages sont foux; mais s'il est ainsi, il devoit appeller sa Piece *L'Hospital des Fous*, et faire paroistre les Petites Maisons sur le Theâtre, comme a fait autrefois Beis. Horace ne devroit pas estre si empesché d'Agnés, il n'y a que trop de moyens de garder des filles, cela se fait tous les jours; il avoit de l'argent, et c'estoit assez; de plus jeunes que luy n'auroient pas manqué d'invention.

ARGIMONT. Cette remarque est tout à fait juste.

ZELINDE. Est-il vray-semblable qu'Arnolphe passe toute une journée dans la ruë, que Chrisalde s'y trouve deux fois, qu'Horace s'y trouve cinq ou six, que le Notaire s'y trouve aussi, et qu'ils y fassent tous deux toutes leurs postures, et s'y querellent si long-temps? Est-il vray-semblable qu'Alain et Georgette tombent tant de fois à genoux dans les boües, lorsqu'Arnolphe est en colere?

ORIANE. L'Autheur devoit, avant cette Scene, leur en faire une autre, et les faire venir avec chacun un Balet pour nettoyer la ruë, puisque bien qu'elle fust peut-estre assez nette, pour leurs genoüils, elle ne la devoit pas estre assez pour le manteau et le chapeau d'Arnolphe, qu'il prend la peine d'y mettre luy-mesme, forcé par la chaleur où l'excez de sa colere le met.

ARISTIDE. Elomire est bien mal-heureux de vous avoir pour ennemies; si l'une fait connoistre, avec beaucoup d'esprit, les defaux de sa Piece, l'autre fait paroistre le sien dans ses railleries.

ZELINDE. Il ne faut pas avoir beaucoup d'esprit pour re-prendre Elomire, puisque ses fautes sont si grossieres qu'elles sautent aux yeux. Mais je poursuis, pour interrompre vos loüanges. N'est-ce pas une chose ridicule de voir Arnolphe enseigner en pleine ruë à Alain et Georgette comment ils doivent faire pour empescher Horace d'entrer à son logis? et les postures qu'ils font tous trois, ne devroient-elles pas faire arrester tous les passans pour les regarder? Le mesme Arnolphe, ne pert-il pas l'esprit, et ne dement-il pas son caractere, lorsqu'il fait venir quatre ou cinq fois Agnez dans la ruë pour l'entretenir? Il ne veut pas, comme il dit luy-mesme à Chrisalde, que personne la voye, et il prend tout expres une autre maison que la sienne, pour la faire garder et pour empescher que ceux qui viendront chez luy ne la voyent; cepen-dant on ne void autre chose que luy et elle dans les ruës, et il ne luy parle qu'en ce lieu là, sans songer que ses voisins, que les passans, et que ses amis qui le viendront trouver la peuvent sans cesse voir avec luy. S'il la vouloit ainsi faire voir à tout le monde, il n'avoit que faire d'avoir deux maisons. Comme cette Piece commance dans la ruë, et qu'elle s'y passe toute, il est bien juste qu'elle s'y dénoüe, afin de garder l'unité de lieu. Si elle finissoit par quelque action precipitée, comme par un combat, je ne la blasmerois pas de se dénoüer dans la ruë; mais c'est une chose extraordinaire d'y voir huit personnes s'y entretenir de sang froid et donner des êclaircissemens de toutes choses; ce n'est pas que je blâme les Pieces qui se passent dans les ruës;

je sçay que cela se peut, et que nous en avons qui s'y passent chez les Anciens; mais il faut qu'il y ait plus d'action, et que l'on donne des couleurs aux choses que l'on y fait passer; ce qui n'arrive pas dans l'*Escolle des Femmes,* où Arnolphe ne dit point pourquoy il entretient Agnés dans la ruë, bien qu'il fasse plusieurs fois la méme faute.

ARISTIDE. Mais il me semble que la seconde fois qu'Arnolphe parle d'Agnés, il dit qu'il la fait descendre pour avoir le temps de dire son Alphabet, afin de laisser temperer sa bile.

ZELINDE. C'est un pretexte bien forcé; mais quand il seroit bon, ce n'est que pour cette seule fois.

ARGIMONT *à part.* Je ne sçay plus où j'en suis! je croyois avoir remarqué toutes les fautes de l'*Escole des Femmes;* cependant je commence à connoistre qu'il y en a bien d'autres!

ZELINDE. Il faut que tous ceux qu'Elomire joüe soient bien insensibles ou ne se reconnoissent pas; cependant ceux qui n'y sont pas interessez s'en apperçoivent; et je vis un Page le jour que je fus voir joüer sa *Critique,* qui pestoit en sortant contre Elomire, et juroit qu'il le feroit repentir de sa temerité. Comment! disoit-il, il est bien hardy de joüer les personnes de Naissance, et de s'attaquer à des Autheurs qui ont mille fois plus de merite que luy!

ORIANE. Sans doute que ce Page y avoit reconnu son Maistre, et qu'il n'estoit pas moins fasché de l'avoir veu bien representer que d'avoir veu joüer les Autheurs.

ZELINDE. Cependant toutes ces menaces s'en vont en fumée, et le bon-heur d'Elomire est tel, qu'il fait tourner à son avantage tout ce qui luy devroit nuire.

ARISTIDE. Mais Madame, croyez-vous qu'il n'ait pas autant de merite que de bon-heur?

ZELINDE. S'il a du merite, ce n'est pas pour ce qui regarde la Comedie; et il ne doit tous ces grans succez qu'à son bon-heur. N'est-ce pas estre heureux que de prendre hardiment partout, sans qu'on s'en apperçoive? N'est-ce pas estre heureux que de faire valoir ses Pieces soy-mesme? N'est-ce pas estre heureux que de representer tousjours les mesmes choses, sans que l'on s'en lasse? Et n'est-ce pas enfin estre heureux que d'avoir rencontré un siecle où l'on ne se plaist qu'à entendre des Satires?

ARISTIDE *à part.* Le dépit qu'elle a d'avoir esté jouée par Elomire l'a fait parler avec tant de chaleur.

ZELINDE. Si je croyois que... mais j'entens quelqu'un!

ARGIMONT. C'est une personne de ma connoissance.

SCENE IX

ORIANE, ZELINDE, LUCIE, ARISTIDE, ARGIMONT, CLERONTE

CLERONTE. Si vous avez quelques dentelles à la mode....

ARGIMONT. A la mode! je ne voy pas que vous soyez de ceux qui la suivent.

ZELINDE. En effet, Monsieur ne paroist pas un des zelez sectateurs de la mode.

ARISTIDE. Pour moy, je trouve que c'est bien fait que de ne la pas suivre des premiers.

CLERONTE *en se regardant.* Qu'ay-je donc! ou plustost, que n'ay-je pas, qui vous oblige à tenir ce discours?

ARGIMONT. Vous n'estes point du tout à la mode.

CLERONTE. Je ne vois rien pourtant....

ARGIMONT. Quoy? vous ne sentez pas que vostre teste est chargée d'une Pyramide?

ARISTIDE. Argimont a raison, et vous paroissez si grand, avec ce chapeau pointu, que l'on ne vous sçauroit regarder tout entier sans estre obligé de lever la teste.

ARGIMONT. A quoy songez-vous de porter encore de ces pains de sucre noirs?

ORIANE. Il est vray que la mode des chapeaux ronds est si bien établie que ceux qui n'en ont point sont presentement remarquez de tout le monde.

CLERONTE. Il faut donc, enfin, devenir semblables aux Porteurs de bled, puisque la mode le veut, et suivre aveuglement ses caprices, sans examiner si des pieds elle passe à la teste. O temps ridicule! où l'on juge de l'homme par le soulier, où l'on l'estime par le Chapeau, et où l'on l'honnore par l'habit. L'homme n'est plus que l'image de la mode, et bien qu'elle ne tâche qu'à le

ruiner, il ne laisse pas de suivre ses loix avec plaisir. Au commencement d'un Hyver, ou d'un Esté, l'on n'ose faire faire des habits,
pource que l'on ne sçait pas encore ce qui sera à la mode; quand
on le sçait, il faut encore attendre, à cause qu'il y a des modes
qui meurent en naissant. La mode va jusques aux Comedies, et
de mesme que l'on ne trouveroit pas un rabat bien fait, s'il n'estoit de la bonne faiseuse, l'on n'approuveroit pas presentement
une Comedie, si elle n'estoit d'Elomire. La mode nous veut
obliger à dire du bien de tout ce qui vient de luy, aussi bien
qu'à porter des Chapeaux ronds. Je connois des vieillards de
quatre-vingt-dix ans qui en portent, et des gens qui n'ont jamais
sçeu ce que c'est qu'une Comedie qui disent du bien de celles
d'Elomire, pource qu'elles sont à la mode. Il faut cependant faire
comme les autres, si l'on ne veut passer pour ridicule; mais ce
qui me console est que l'on dit que les fous inventent les modes,
et que les sages les suivent. Il faut prendre celle du Chapeau
rond, puisqu'elle est déja dans son plain. Je sçay bien que c'est
tout ce que je pourray faire que d'en user un avant que la mode
s'en passe; puisque les gens de qualité ont coustume de quitter
les modes qu'ils ont inventées dés qu'ils voyent qu'elles sont trop
communes. Mais je ne songe pas que je suis icy trop long-temps,
et que la pointe de mon Chapeau vous pourroit faire mal aux
yeux si j'y demeurois davantage; c'est pourquoy je m'en vais
de ce pas en achepter un rond. *(Il s'en va)*

ZELINDE. Nous parlions de Satyres du temps avant qu'il
entrât; mais il nous en vient de faire une, contre la mode et
contre Elomire, à quoy nous ne nous attendions pas.

ARISTIDE. Cet impromptu ... mais quelqu'un vient icy!

ZELINDE. C'est un homme de qualité, qui a tout à fait bonne
mine.

ORIANE *à part.* C'est Melante, c'est luy-meme; nous ne nous
pourrons parler que des yeux, jusques à ce que nous soyons
seuls.

SCENE X

Zelinde, Aristide, Oriane, Lucie, Argimont, Melante

Melante. Je croy que mon bon-heur m'a fait venir icy, et je ne croyois pas y trouver une si belle compagnie.

Argimont. Quand j'aurois vendu aujourd'huy pour dix mille écus de dentelles, le gain que j'aurois fait ne me rejouïroit pas tant que l'honneur d'avoir veu aujourd'huy, chez moy, ce qu'il y a de plus beau et de plus spirituel à Paris.

Melante. L'avantage est considerable; mais peut-estre que je ne suis venu que pour troubler la conversation.

Zelinde. Vous devez avoir meilleure opinion de vous-mesme.

Oriane. Pour moy, je vous avouë que vostre presence m'a causé plus de joye que de chagrin.

Zelinde. Nous n'avons presque parlé, depuis que nous sommes icy, que du bon-heur d'Elomire.

Melante. Quoyque ce Peintre se vante de travailler d'apres nature, ce n'est toutefois qu'un fort mauvais copiste. Les portraits qu'il fait ne sont pas si ressemblans que le vulgaire se persuade; et quoyque l'on publie qu'il dépeint bien les gens de qualité, je n'ay encore rien veu dans ses peintures qui leur ressemble. Il nous habille autrement que nous ne sommes; il allonge nos cheveux, il agrandit nos rabats, appetisse nos pourpoints, augmente nos garnitures, donne plus de tour à nos canons, nous fait peigner plus souvent que nous ne faisons, nous fait faire des contorsions au lieu de reverences; et s'il nous fait dire un mot, il nous le fait repeter cinquante fois; et en adjoûtant ainsi à nos habits et à nos actions, il nous veut faire passer pour ce que nous ne sommes pas. Mais, dites-moy, je vous prie, pour peu qu'un Peintre grossît le nez d'une belle personne, qu'il agrandît ses yeux et sa bouche et qu'il alongeât son visage, ne feroit-il pas un monstre d'une beauté parfaite? C'est ce qu'Elomire fait dans ses tableaux de la Cour, et c'est par où il pretend tourner en ridicule des personnes dont l'ajustement répond à l'esprit, qui ne font rien que la bienseance n'autorise et qui n'ont rien que de recommandable; c'est pourquoy ce Peintre doit prendre garde qu'apres avoir voulu joüer les autres, il ne se trouve quelqu'un qui le joüe luy-mesme.

ARISTIDE. Je crois que tout ce que l'on feroit contre luy ne serviroit qu'à augmenter sa gloire; et ses Satyres luy ont fait tant d'amis qu'ils ne marqueroient pas d'aller fronder la Piece que l'on joüeroit contre luy.

MELANTE. Les Frondeurs sont insupportables, et je ne sçaurois souffrir que l'on fronde mesme les Pieces qui ne valent rien. Je m'imagine voir ces perturbateurs des divertissemens publics crier qu'une Piece ne vaut rien devant qu'elle commence, faire les mauvais plaisans pendant qu'elle dure, rire à contre-temps, faire la grimace aux plus beaux endroits, blâmer sans vouloir entendre, tirer les autres pour les empescher d'écouter, dire cent fois que la Piece ne vaut rien sans en pouvoir donner de raisons, et se faire remarquer de tout le monde et mesme montrer au doigt.

ZELINDE. Jamais Elomire n'a fait de Portraits si ressemblans que celuy des frondeurs de Pieces que vous venez de faire; et si toutes les personnes de qualité avoient autant d'esprit que vous, ce Peintre des actions ridicules seroit obligé de n'en dire que du bien, ou de n'en jamais parler.

MELANTE. Ce que vous dites n'est qu'un compliment que vostre civilité vous oblige à me faire.

ZELINDE. Je croy n'avoir rien dit qui ne soit veritable; mais je ne songe pas qu'il y a long-temps qui je suis icy, et que j'ay des affaires à la ville. *(à Argimont)* Monsieur, montrez-moy, s'il vous plaist, un point de Venise.

ARGIMONT. Il m'en est arrivé ce matin d'admirables, qui sont là-bas.

ZELINDE. Je les verray en passant.

ARISTIDE. Je vais descendre avec vous; et comme j'ay envie d'en avoir un, vous me direz s'ils sont beaux.

SCENE XI

ORIANE, MELANTE, LUCIE

MELANTE. Je croy que vous m'avez attendu avec beaucoup d'impatience; mais j'estois aupres de mon Oncle, qui est malade à l'extremité. Tout ce que j'ay pû faire, ç'a esté de me dérober un moment pour vous venir moy-mesme apporter cette nouvelle. J'ay laissé tous mes gens chez luy, et un de mes laquais doit dans un moment me venir dire icy de ses nouvelles.

ORIANE. Vous ne deviez pas le quitter en l'estat où il est, et je connois que l'amour que vous avez pour moy est bien grand, puisque vous m'en donnez des preuves aux dépens de vostre prudence.

SCENE XII

ORIANE, MELANTE, LUCIE, CLEARQUE

LUCIE. Ah! Madame, que ferez-vous? voilà vôtre Pere!

CLEARQUE. Quoy! perfide, est-ce icy où demeure votre Cousine Orphise? Et vous, Monsieur....

SCENE XIII

ORIANE, MELANTE, CLEARQUE, LUCIE, CLEON

CLEON à Melante. Monsieur, vostre Oncle vient de mourir.

MELANTE. Est-il possible!

CLEARQUE. Qu'enten-je!

ORIANE. Ah! mon Pere, ne vous emportez point contre Melante, apres la perte qu'il vient de faire; et s'il est encore dans la resolution de m'épouser, consentez plustost à nostre Mariage.

CLEARQUE. Puisque son merite est soutenu du bien de son Oncle, je n'ay plus de sujet de m'y opposer, et s'il y consent, j'en suis d'accord.

MELANTE. J'ay trop d'amour pour la belle Oriane pour n'y pas consentir.

CLEARQUE. Lorsque je vous ay fait épier, et que je suis venu vous trouver icy, je ne croyois pas que ma colere deust estre si tost appaisée.

MELANTE. Vous me permettrez de vous quitter et d'aller songer à ce que je dois à mon Oncle, avant que de penser à ce que je dois à mon amour.

FIN

EDME BOURSAULT

LE PORTRAIT DU PEINTRE

OU

LA CONTRE-CRITIQUE DE L'ESCOLE DES FEMMES

Comedie

INTRODUCTION

In his discussion of the Comic War, Michaut asks, "Qu'est-ce que Boursault allait faire dans cette galère?" [1] What indeed did move that budding young playwright to mock Molière in a one-act verse comedy, *Le Portrait du Peintre,* a form in which the victim far surpassed his assailant? Was it out of gratitude to the troupe of the Hôtel de Bourgogne, which had already produced three of his plays? Or did he identify himself with the traditionalists condemned by Molière in his *Critique de l'Ecole des Femmes?* Molière, of course, was quick to dismiss Boursault in *L'Impromptu de Versailles* as a convenient cat's-paw for the *Grands Comédiens,* who had been able to pass off their joint composition as the work of an author so obscure that the public could not recognize the hoax. This devasting counterattack forced Boursault to defend his claim to authorship vigorously — and peevishly — in his preface to *Le Portrait du Peintre* when it was printed a fortnight after the first performance of Molière's *Impromptu.* In any case, Boursault was certainly exempt from any charge of pedantry, for he is said to have received only the most rudimentary sort of education during his boyhood in Champagne and to have acquired whatever social polish he was later to possess through association with a more cosmopolitan circle following his arrival in Paris. Like Donneau de Visé, he was barely twenty-five years old at the time of the Comic War and stood to gain more than he could lose from the notoriety of having attacked such a prominent figure as Molière.

---

[1] Gustave Michaut, *Les Débuts de Molière à Paris* (Paris, Hachette, 1923), p. 233.

The composition of *Le Portrait du Peintre* could not have been very taxing, for Boursault found the idea for this play in Donneau de Visé's comedy: the suggestion by the bluestocking character Zélinde that someone recast Molière's *Critique* in such a way as to make the ridiculous characters supporters of Molière and the sympathetic, intelligent characters his critics. That is precisely what Boursault did, in addition to versifying Molière's prose sketch. He was further indebted to *Zélinde* for his anti-Molière material; he had only to repeat the series of charges leveled at Molière and his plays by Donneau de Visé, who had however expressed himself more cleverly than Boursault was capable of doing in his echoing of a considerably more cultivated author. The sarcastic title proved to be a handsome compliment to Molière in its unintentional recognition of his skill as an observer and portrayer of the men and mores of his time, not as a *singe* but as an artist.

Boursault's entirely derivative composition could easily have been ignored by Molière had it not been given the undeserved honor of production ot the Hôtel de Bourgogne in early October 1663. [2] Faced with a public challenge of this sort, Molière found himself in the advantageous position of replying to a weak attack based on threadbare, parroted criticisms of himself, his repertory, and his dramatic principles. Within a few days, he was ready to shoot down his hapless young challenger before the most distinguished audience in the land, already favorably disposed toward Molière as a result of the King's own open support. Not only was Boursault quite incapable of composing any satire, even a plagiarized one, declared Molière, he was beneath contempt as a nonentity: "Le beau sujet de divertir la Cour que Monsieur Boursault!" [3] Still, the immediate success of Molière's new play did

---

[2] Molière attended a performance of the play, which may have included a scurrilous ditty by Donneau de Visé about Molière's love-life; this may explain the forcefulness of Molière's demand in *L'Impromptu* that critics respect his right of privacy with respect to his family. If that song was used, Boursault did well to omit it from the printed version of his play; soon after, de Visé published the text of the song in his *Vengeance des Marquis.* See Antoine Adam, *Histoire de la littérature française au XVIIe siècle,* III (Paris, Domat, 1952), 291.

[3] *L'Impromptu de Versailles,* sc. v.

not force Boursault's off the stage of the *Grands Comédiens* at once; but a new phase of the Comic War had been entered, requiring more effective anti-Molière weapons. Donneau de Visé's *La Vengeance des Marquis* seems to have been used as a stopgap production at the Hôtel de Bourgogne while some more powerful retort to Molière's *Impromptu* was sought. Boursault was supposed to have been at work preparing this counter-counterattack but never did provide it. Instead, the *Grands Comédiens* turned to their colleague Montfleury's son, who sought to avenge Molière's parody of his father's style of declamation by writing *L'Impromptu de l'Hôtel de Condé*. Unlike Donneau de Visé and Boursault, Montfleury *fils* did have an authentic emotional involvement in the affair; Molière's mimicry of the senior Montfleury is repaid in kind with a vivid, cruel description of his performance of the rôle of Cesar in Corneille's *La Mort de Pompée*.

As for Boursault, his part in the Comic War was now at an end. Like Donneau de Visé, he did not remain hostile toward Molière, for in later years he was to pay tribute to Molière's greatness in his *Lettres nouvelles* (1697), describing his onetime enemy as a peerless comic dramatist whose death had deprived the French theater of an irreplaceable ornament. [4] A further proof of Boursault's *assagissement* is to be seen in his decision not to include *Le Portrait du Peintre* in the collection of his plays published in 1694, an exclusion honored by his literary executors in publishing the first posthumous edition of his collected plays in 1721, twenty years after his death.

---

[4] Van Vree, p. 85.

AU LECTEUR

Je ne me serois jamais avisé, mon cher Lecteur, de vouloir t'ennuyer par une espece de Preface, si je n'estois obligé d'en faire le sacrifice à la Gloire outragée des plus honnestes Gens de nostre Siecle. Si l'on s'étoit contenté de me ravir l'avantage d'avoir attaqué Moliere et de l'avoir reduit à la honteuse necessité de recourir aux invectives pour repousser la Satyre spirituelle qui a mis en plein jour les deffauts du plus considerable de ses Ouvrages, j'eusse laissé la liberté du doute à tous ceux à qui l'on a voulu persuader que je n'étois pas l'Autheur de la moindre chose que je sois capable de produire; mais il n'est pas juste que je me laisse despoüiller d'un bien qui ne peut enrichir personne, et je suis contraint de deffendre tout le Parnasse contre l'injurieuse charité qu'on luy a voulu prester. Les grands Hommes n'ont point d'occupations si basses; ils ne travaillent qu'alors qu'il y a de la gloire à acquerir; et c'est dire assez clairement que Moliere n'a rien à craindre d'Eux. Pour moy, je suis redevable à l'Outrage qu'il m'a voulu faire: croire ma Piece digne de ceux qui sont accusez d'y avoir mis la main, c'est demeurer d'accord de son merite, et toutes les injures qu'on me dit dans le Galimathias que Moliere appelle *Impromptu* ne peuvent détruire la bonne Opinion qu'il a fait concevoir de mon Ouvrage. Je pourrois repousser ces injures par d'autres injures plus picquantes, si j'en avois aussi bien la volonté que j'en ay le droict, mais je n'y suis pas accoustumé comme luy; et puis, cette sorte de vengeance est si indigne d'un honneste homme que la sienne n'a pas eu lieu de me surprendre.

PERSONNAGES

Damis, Baron, Amant d'Amarante.

Amarante, Maistresse de Damis.

Clitie, Cousine d'Amarante.

Le Comte,   Courtisan Ridicule.

Le Chevalier Dorante,   ”   ”

La Marquise Oriane, qui fait la Precieuse.

Lizidor, Poëte.

Petit-Jean, Page d'Amarante.

La Ramee, Lacquais du Comte.

La Scene est dans une Salle
du Logis d'Amarante.

LE PORTRAIT DU PEINTRE
Comedie

SCENE PREMIERE

CLITIE, DAMIS

CLITIE

Ma Cousine s'habille, et je viens vous apprendre
Qu'elle a bien du regret de vous tant faire attendre;
Car de vôtre presence elle aura du plaisir;
Pour venir vous le dire elle a sceu me choisir.
Vostre retour la charme, et sa joye est extreme.

DAMIS

La charmante Clitie est toûjours elle-mesme,
Toûjours l'ame sensible, et le coeur obligeant.
Il ne sort de sa bouche aucun mot affligeant.
Plût au Ciel qu'en revanche une fille si belle
En semblable rencontre eût besoin de mon zele!
Il n'est soins ny devoirs que ne dût éprouver....

CLITIE

Patience! il n'est rien qui ne puisse arriver.
Je me sens dans un âge à ne plus gueres attendre.
Vous avez un Cousin dont le coeur paroît tendre,
Et s'il estoit d'humeur à languir sous ma loy,
Ce que je fais pour vous, vous le feriez pour moy.
Quand ma Cousine aussi daigne ouïr ma harangue,
A luy parler de vous je prepare ma langue;

De mon zele assidu son esprit est confus;
Eussiez-vous des deffauts, j'en ferois des vertus;
Je la charme par là (car je sçay par moy-mesme
Qu'on oblige une fille en loüant ce qu'elle aime,
Et que lorsqu'un Amant s'est rangé sous nos loix,
Qui nous vante sa grace applaudit nostre choix).
J'ay cent fois d'Amarante affermy la tendresse,
Et du courtois Damis si j'estois la Maistresse,
Peut-estre que . . . .

DAMIS

      Peut-estre en amour n'est pas bon.
Vous m'aimeriez peut-estre, et peut-estre que non.
Quand d'un coeur une fois l'Amour s'est rendu maistre,
Il ne veut rien devoir au secours d'un *peut-estre*;
Et quand d'une Maistresse on souhaite la main,
Un bon-heur dont on doute est un mal-heur certain.
De ma chere Amarante un semblable *peut-estre* . . . .

CLITIE

Amarante vous aime, et j'ay sceu le connaistre;
A pouvoir de sa bouche arracher cét aveu,
Vous n'aurez point de peine, ou vous en aurez peu.
Adieu, mon Cher; souffrez qu'un moment je vous laisse;
Je viendray vous rejoindre avec vostre Maistresse;
A certaine Marquise elle donne à disner,
Et touchant ce repas j'ay quelque ordre à donner.
Entre Amis tout s'excuse, et chacun s'accommode . . . .

DAMIS

Je m'en vais; je vois bien que je suis incommode.
Sur le soir Amarante aura plus de loisir . . . .

CLITIE

Vous n'auriez qu'à nous faire un pareil déplaisir;
Ma charmante Cousine en seroit si surprise . . . .

DAMIS

Mais paraistre en desordre auprés d'une Marquise!
M'exposer de la sorte à des yeux delicats!

CLITIE

Si Damis l'apprehende, il ne la connoît pas.
Vous ne vistes jamais Dame plus incommode:
Jusqu'au ton de la voix elle observe la mode;
A la nature mesme elle impose des loix;
En user autrement, c'est sentir le Bourgeois;
Jamais ce qui vous plaist n'a l'honneur de luy plaire;
Ce qu'on croit naturel luy paroît trop vulgaire,
Et c'est à ceste belle une espece d'affront
Que de boire et manger comme les autres font.
Aussi, quoy qu'elle fasse, à toute heure on la jouë,
Mais alors qu'on la raille elle croit qu'on la louë;
Elle tourne à son gré tous les mots qu'on luy dit;
Si l'on rit de la voir, c'est que l'on l'applaudit;
Quand on la contrefait, elle croit qu'on l'imite;
Elle affecte des mots qu'elle seule debite,
Et comme si son Ame agissoit par ressorts,
Son esprit se demonte aussi bien que son corps.
Sur tout ce qui la choque on sçait bien qu'elle glose;
Mais luy plaire, et déplaire est une mesme chose.
Vos soupirs à ses yeux ne sont pas adressez;
Amarante vous ayme, et cela c'est assez.
Jusqu'au revoir.

DAMIS

Ma joye est enfin apparent....

SCENE II

Le Comte, Damis

Le Comte, *en entrant*

Ho! quelqu'un! fait-il jour chez la belle Amarante?
Ah! ah! c'est toy, Baron? ne fais pas le surpris.
Et depuis quand, mon cher, es-tu donc à Paris?
Parbleu! de ton voyage il faut dire la cause.
Entrons.

Damis

      Tu peux entrer, mais pour moy, je ne l'ose.
On habille Amarante, et je viens de sçavoir
Que dans quelques moments j'auray l'heur de la voir.
Par respect, l'un et l'autre, attendons qu'elle sorte.
Mais peut-on me connoistre à me voir de la sorte?

Le Comte

Parbleu! Baron, tout autre y seroit attrapé.
Te voilà, Dieu me damne! assez bien équipe!
Testebleu! des Colets de Dentelle de Flandre!
Justice!

Damis

Quoy?...

Le Comte

      Parbleu! je ne veux pas t'entendre.
Justice, Baron!

Damis

Mais...

Le Comte

Mais Justice!

DAMIS

Dy-moy....

LE COMTE

Si tu m'en crois, mon cher, ne va pas chez le Roy:
Tu n'entrerois jamais dans la Salle des Gardes
Qu'il ne plût sur ton nez plus de mille nazardes.

DAMIS

Quoy! les Gardes....

LE COMTE

                    Baron, moy qui te parle, moy,
Je te dis en Amy, si tu vas chez le Roy,
Qu tu n'entreras pas sans un Point de Venise.

DAMIS

Et s'il arrivoit donc que par une surprise....

LE COMTE

Quelque sot! Sur mon ame, on ne me surprend point.
J'ay, parbleu! dépensé dix mille écus en Point.
Mais le bon de cela, Baron, quand je m'ajuste,
Pour me tirer du pair, je calcule si juste
Que, parbleu! nostre Amy, chez les gens comme toy,
Quand la mode commence, elle est vieille pour moy.
Il me feroit beau voir des Dentelles de Flandre!

DAMIS

N'ay-je que ce deffaut que tu puisse reprendre?
De ces riches Colets si tel est le pouvoir,
Aussi bien comme toy j'ai moyen d'en avoir;
Mais dis-moy, dans Paris n'a-t'on pas la franchise?
Ce qui fait l'honneste homme est-ce un Point de Venise?
C'est un foible avantage à ces gens du bel air
Qu'emprunter du secours pour se tirer du pair.
Quand d'un sang assez bon nous avons l'heur de naistre,

Nostre éclat naturel nous doit faire paraistre.
C'est mon sentiment, Comte, et tu dois m'avoüer....

Le Comte

Dieu me damne! Baron, tu te feras joüer.
Prends garde à toy.

Damis

Pourquoy?

Le Comte

Pourquoy!

Damis

Daignes me dire....

Le Comte

Par ma foy, cher Baron, ton *pourquoy* me fait rire;
Il est bon.

Damis

Mais pourquoy....

Le Comte

Continuë.

Damis

Apprends-moy....

Le Comte

On the joûra, te dis-je. Hé! demande pourquoy!
Je t'en prie. Allons donc! soûtiens ton caractere.

Damis

Ou sois plus raisonnable, ou bien songe à te taire.

Le Comte

On te joûra.

DAMIS

Dy donc quel sujet on aura . . . .

LE COMTE

On te joûra, morbleu! parce qu'on te joûra.

DAMIS

Mais . . . .

LE COMTE

    Mais prens garde à toy, car nous avons un homme
Qui fait mieux des portraits que les Peintres de Rome.
Il vous dépeint, morbleu! mais je dis traits pour traits.
Il est vray, quelques sots ne s'en doutent jamais:
Quoyque des spectateurs tous les traits y paraissent,
Plus ils sont ressemblans, moins ils les reconnaissent;
Ce qu'on fait pour eux leur paraît pour autruy,
Et tel y rit souvent de voir rire de luy.

DAMIS

A ce compte, ce Peintre en Badins vous érige!
Mais se void-on joüer sans que l'on se corrige?
En est-il d'assez sots pour ne pas s'abstenir . . . .

LE COMTE

S'il est des sots? ma foy, tu m'en fais souvenir.
Des sots! Pour t'en monstrer, et de plus d'une espece,
Si tu veux, dés tantost nous irons voir sa Piece;
Mais il faut, nostre Cher, me promettre ce point,
Si tu vas autre part, que tu ne riras point.

DAMIS

Pourquoy cela?

LE COMTE

    Pourquoy? Je ne puis te le dire.

On m'a dit seulement que c'est là qu'on va rire,
Et j'ay fait, Testebleu! des sermens qui tiendront
De ne rire jamais qu'où les autres riront.

DAMIS

Moy qui hais ta maniere, et qui suis équitable,
Je ris quand j'ay de rire un sujet raisonnable,
Et je tiens que tout homme, à moins d'estre brutal,
Dois rire de la chose, et non pas du signal.
Car tu ris de voir rire, et, ma foy, je parie....

LE COMTE

Et de quoy donc, Baron, pretens-tu que je rie?

DAMIS

De quelque endroit risible où paraisse l'esprit.

LE COMTE

Parbleu! l'endroit risible est l'endroit où l'on rit.
Je le soûtiens.

DAMIS

         Soûtiens, je suis prêt d'y souscrire;
Mais rit-on de l'endroit quand on rit d'y voir rire?
Pour juger d'un Ouvrage, il faut lire....

LE COMTE

                       En effet;
Et void-on en lisant les grimaces qu'on fait?

DAMIS

Cette Piece....

LE COMTE

         Ma foy, j'en ay fait deux lectures,
Mais je n'y puis trouver ces plaisantes postures:

Eh! parlez! despeschez! viste! promptement! tost!
On appelle cela reciter comme il faut.
Verra-t'on en lisant, fût-on grand Philosophe,
Ce que veut dire un *Ouf!* qui fait la catastrophe?
Baron, *Ouf!* que dis-tu de ce *Ouf*, placé là?
Par ma foy, cher Baron, il faut voir tout cela.
Viens-y tantost, mon fils; tu verras si j'impose.
Mais venons au voyage, et m'en apprends la cause.
On habille Amarante, et tu peux en deux mots . . . .

DAMIS

Sa divine beauté m'a ravy le repos;
De l'oser declarer la douceur m'est permise:
Chacun sçait qu'à Damis Amarante est promise.
Et depuis mon départ jusques à mon retour
Mille Ecrits de sa main ont flaté mon Amour.
La voicy.

SCENE III

AMARANTE, CLITIE, LE COMTE, DAMIS

AMARANTE, *à un Page*

Demeurez pour nous donner des Sieges.

LE COMTE

Nostre Amy le Baron est tombé dans vos pieges?
Comment Diable! il vous aime, et vous n'en disiez rien?
Finette!

AMARANTE

Je croyois que vous le sçaviez bien.
Damis m'aime, je l'aime; en est-ce assez?

CLITIE

Cousine,

Il n'appartient qu'à luy d'aymer à la sourdine;
La Marquise Oriane a des appas si doux....

LE COMTE

A propos d'Oriane, elle disne chez vous;
J'y disne aussi, ma Chere, et je suis de la bande,
Sans façon.

AMARANTE

Trop d'honneur.

SCENE IV

PETIT-JEAN, AMARANTE, LE COMTE, DAMIS, CLITIE

PETIT-JEAN

Madame, on vous demande.

AMARANTE

Nous voulons estre seuls; retourne sur tes pas.
Si c'est quelque fascheux, dy que je n'y suis pas.

ORIANE

La void-on, Madame?

PETIT-JEAN

Oüy, mais je crains qu'elle crie.
Si vous estes fascheuse, elle sera sortie.

ORIANE

Dy que c'est Oriane.

PETIT-JEAN

Attendez donc un peu.
Voila qui c'est, Madame; entrera-t'elle?

AMARANTE

O Dieu!

C'est Madame!

ORIANE

Servante à ma toute adorable.

AMARANTE

Holà! qu'on se depesche et qu'on couvre la table!
Puisque voilà Madame, il est temps de servir.
(Chacun se sied.)

ORIANE

Quel est ce Gentil-homme? Il est fait à ravir!

AMARANTE

C'est le Baron Damis.

ORIANE

A qui vous devez estre,

Madame?

AMARANTE

Ouy, Madame.

ORIANE

Ah! je veux le connaistre.

DAMIS

N'eust esté que j'ay craint de vous estre suspect,
J'eusse precipité l'offre de mon respect,
Madame, et desormais je pretens que mon zele....

ORIANE

Certes, sa Mignature est parfaitement belle.

CLITIE

Mignature! Mon Dieu! que ce mot est bien dit,
Et qu'il faut pour le dire avoir bien de l'esprit!
Je suis au desespoir de ne pas le comprendre.

LE COMTE

Elle n'apperçoit pas ta Dentelle de Flandre,
Baron.

ORIANE

O mon Dieu! fy! chez le monde choisi
Des beautez à la mode il faut estre saisi;
La plus claire Dentelle est la plus en usage,
Et le Point de Venise assaisonne un visage.

CLITIE

Cousine, que Madame a de jolis détours!
Et que cét *assaisonne* assaisonne un discours!
En effet, fy! vostre Ame est une mal apprise.
Comment! faire l'amour sans un Point de Venise!

DAMIS

Pour estre en galant homme, il faut donc de ce Point.

LE COMTE

Je l'ay dit, Dieu me damne! et ne m'en dédis point;
Il en faut pour paroistre, et de plus nostre Singe
Fait un nouveau Tableau qui sera tout de linge.
Je ne t'en avertis que de peur d'accidens.
S'il te void, sur mon Ame, il te mettra dedans.
Rien n'échape à sa Plume, et dedans sa Critique
Il n'est point de gros Dos que sa langue ne picque.
A joüer tout le monde il a tant de panchant . . . .

ORIANE

Hay! hay! hay!

AMARANTE

Qu'avez-vous?

ORIANE

Que vous estes méchant,
Monsieur le Comte!

LE COMTE

Moy?

ORIANE

Je n'en puis plus, vous dis-je.

AMARANTE

Ho! quelqu'un!

ORIANE

Ne bougez.

AMARANTE

J'ay peur qu'on vous neglige.
Un si prompt accident vous peut estre fatal.

ORIANE

Il m'a fait souvenir que je me porte mal.
Hyer dans une visite il se trouva des Dames
Qu'Alcidon regala de l'*Escole des Femmes,*
Et qui, d'intelligence avecque mon destin,
Ne voulurent jamais en entendre la fin.
Comme si pour me perdre elles eussent fait pacte,
On fit cesser la Piece apres le second Acte,
Et je ne remarquay des risibles endroits
Que celuy de la soupe où l'on trempe les doigts.
Dans un chagrin mortel ce caprice me plonge.

CLITIE

Voyez comme les maux viennent sans qu'on y songe.

Le Comte

Dans mon ame j'enrage.

Amarante

Et pourquoy?

Le Comte

Tout exprés
La Marquise y couroit pour voir le *Le* d'Agnés.

Oriane

Je l'ay veu. Que je l'ayme! et que j'en en suis contente!
Ce *Le*, c'est une chose horriblement touchante;
Il m'a pris *Le* .... Ce *Le* fait qu'on ouvre les yeux:

Le Comte

Ouy, ce *Le*, Dieu me damne! est un *Le* merveilleux.
Quand je vis que l'Actrice y faisoit une pose,
Je crûs que l'innocente alloit dire autre chose.
Et le Ruban, ma foy, je ne l'attendois pas.

Oriane

Et ce *Le*, pour Madame, eut-il beaucoup d'appas?

Amarante

J'en dirois mon avis, ne pouvant m'en deffendre;
Mais qui s'en ressouvient prit plaisir à l'entendre;
Et moy, de qui l'esprit s'en est peu soucié,
A peine l'eus-je appris que je l'eus oublié.

Oriane

A le revoir, pour moy, je serois toute preste;
Ce *Le* toute la nuit m'a tenu dans la teste,
Ma chere; aussi ce *Le* charme tous les Galands.

LE COMTE

En effet, j'en vois peu qui ne donnent dedans;
La beauté de ce *Le* n'eut jamais de seconde.

CLITIE

Il est vray que ce *Le* contente bien du monde;
C'est un *Le* fait exprés pour les gens delicats.

AMARANTE

Elle est maligne, au moins; ne vous y fiez pas,
Car je sçay que ce *Le* luy paroît detestable.

CLITIE

Il est vray, ma Cousine; il me semble effroyable;
Mais ce *Le* par Madame est si bien appuyé
Que je meurs de regret qu'il nous ayt ennuyé.
Le party qu'elle prend est celuy que j'embrasse;
Tout ce que dit Madame est de si bonne grace
Que je veux la prier de ne pas s'irriter
Si je fais mes efforts pour la bien imiter.
Sa galante façon s'insinuë en mon Ame.

ORIANE

O Madame!

CLITIE

O Madame!

ORIANE

O Madame!

CLITIE

O Madame!

ORIANE

Quoi! me railler chez vous, Madame! Ah! je vois bien....

CLITIE

Vous le dites, Madame, et vous n'en croyez rien.

ORIANE

Assurément, Madame ....

CLITIE

Assurément ....

LE COMTE

Marquise,
Sçavez-vous quelles gens le Matois satyrise?
Des Marquis.

DAMIS

Des Marquis! Il aspire si haut ....

LE COMTE

Je t'en vais monstrer trois chapitres comme il faut;
J'ay la Clef de sa Piece.

AMARANTE

Imprimée?

LE COMTE

Imprimée.
Ho! mes Lacquais! Picard! Bearnois! La Ramée!
        (Un Lacquais vient, et le Comte luy dit:)
Sous la Tapisserie, au-dessous du Miroir,
Tu verras cette Clef, je l'y mis hyer au soir;
        (A Damis)
Je croyois, palsembleu! meriter ta croyance,
Baron.

DAMIS

Quand une chose a si peu d'apparence ....

Le Comte, *à son Lacquais*

Va querir cette Clef, et me l'apporte icy.
>   *(Le Lacquais sort. — A Damis)*

Incredule Baron, tu seras éclaircy;
Mais....

Amarante

>   Mais quoy! Du Critique on connoît la coûtume;
A ma Muse peut-estre il donne un coup de plume.
Avoüez; vous riez, je le verray bien tost.

Le Comte

Et femme qui compose en sçait plus qu'il ne faut.
C'est vous.

Amarante

>   C'est moy?

Le Comte

>   C'est vous.

Amarante

>   Ce n'est pas qu'il m'importe;
Mais l'Autheur est hardy d'en user de la sorte.
Il me doit du respect, il a dû le sçavoir.

SCENE V

Petit-Jean, Amarante, Oriane, Clitie, Le Comte, Damis

Petit-Jean

Un Monsieur est là-bas qui demande à vous voir,
Madame.

Amarante

Quel est-il, ce Monsieur?

PETIT-JEAN

C'est un homme.

AMARANTE

Et ne t'a-t'il pas dit comme c'est qu'on le nomme?

PETIT-JEAN

Le Chevalier de Chose . . . . Et là . . . .

AMARANTE

Qui? Dorante?

PETIT-JEAN

Oüy.

AMARANTE

Qu'il entre.

(A Damis)

Il vous connoît?

DAMIS

Oüy, Madame.

SCENE VI

DORANTE, DAMIS, AMARANTE, LE COMTE, CLITIE, ORIANE

DORANTE, *voyant Damis*

C'est luy!

Oüy, c'est luy!

LE COMTE, *à Damis*

De te voir sa surprise est extreme.

DORANTE

Est-ce toy, Baron?

DAMIS

Ouy.

DORANTE

Quoy! c'est toy?

DAMIS

C'est moy-mesme.

DORANTE

Comment te portes-tu, vieil amy? Touche-là.
Tu viens *incognito* voir l'Objet que voilà?

DAMIS

Il est vray.

DORANTE

Dieu me damne! il est beau comme un Ange,
Cét Objet.

AMARANTE

Chevalier, mon Dieu! point de loüange!
Un homme comme vous, Critique au dernier point,
Fait assez de plaisir quand il ne médit point.
La critique est blâmable, apres tout, et j'avoüe....

DORANTE

Ce que vous blâmez là, tout le monde le loüe;
Il est vray, je critique, et je m'en trouve bien:
De bien faire ma Cour c'est l'unique moyen.
La satyre est en regne et le Point de Venise,
Et le reste, on le nomme une pure sottise.

DAMIS

Et pour plaire à present il ne faut en ce cas....

DORANTE

Que de la Médisance, et de riches Rabats.
Je plais aussi, Dieu sçait!

DAMIS

              Toy, plais-tu? Chose vraye?

DORANTE

Si je plais! Ce Colet est le moindre que j'aye.
J'ay, ma foy, chez le Roy de secrets ennemis
Mutinez contre moy de me voir si bien mis.
Moy, qui vois leur envie, et qui sçais leur betisse,
J'achette si souvent quelque Point de Venise
Que, pour mieux les punir d'avoir crû m'outrager,
Je me ruine exprés pour les faire enrager,
Dieu me damne! Voy donc si je plais. Pour médire,
Tu te peux informer si Dorante s'en tire.
On me craint, sur mon Ame, et je passe en tous lieux
Pour un des Courtisans qui critiquent le mieux.
Mais aussi, je frequente et je jouë à la paume
Avec le Médisant le meilleur du Royaume.
Le Compere vous drape et vous mord en riant.
C'est de nos Courtisans le Demon foudroyant;
Il les pique!

AMARANTE

          A la fin, craint-il point qu'on s'en choque?
J'en sçais un enragé dont souvent il se moque;
A son meilleur Amy je veux bien l'avouër.

DORANTE

J'en sçay ving trop heureux de se laisser jouër;
Ouy, j'en sçais de ravis qu'on leur fasse la guerre,
Témoin trois l'autre jour qu'on nommoit du Parterre,
Et qui, dans une Loge où chacun les voyoit,
Rioient comme des foux de ce qu'on les joüoit.
Aussi, loin qu'au Critique aucune Ame s'oppose,

Aussi doux que du lait il faut boire la chose;
On ne peut l'attaquer sans en estre marry.
De tous nos Turlupins c'est un homme chery:
Contre qui que ce soit ils prendront sa deffence.

DAMIS

Et ces sortes de gens vous imposent silence?
Ce que Paris peut-estre a de plus odieux,
Des Turlupins!...

LE COMTE

   Baron, tu pourrois parler mieux:
J'en suis un.

DAMIS

Qui, toy?

LE COMTE

Moy.

DAMIS

    Mais, l'Ami, tu te blâmes.

LE COMTE

Et oüy, oüy. Dans la Clef de l'*Escole des Femmes,*
Tu verras qui de nous a le plus de raison.
Je suis le Turlupin de la moindre Maison;
Tous les autres... Mais tiens, mon Lacquais me l'apporte.

SCENE VII

LA RAMEE, LE COMTE, DAMIS, AMARANTE, DORANTE, CLITIE, ORIANE

LA RAMEE, *au Comte*

Je n'ay point veu de Clef que la Clef de la Porte.

Le Comte

Peste, le sot!

Damis

Sçait-il ce que c'est que cela?

Le Comte

Je te jure, Baron, qu'elle est en ce lieu-là.

La Ramee

Je gage que non.

Le Comte

Paix!

Damis

Croy-moy, Comte; allons, gage.

Le Comte

L'un de nous deux, Lacquais, est un sot personnage.

La Ramee

Ce n'est pas moy, Monsieur.

Le Comte

			Tay-toy donc, s'il te plaist.
La Marquise l'a leuë, elle sçait ce que c'est.

Amarante

Mais parlez de sa Piece, et soyez équitable.
Que vous en semble?

Dorante

			A moy? Je la trouve admirable.
Comment la trouves-tu, Comte?

LE COMTE

Admirable.

DORANTE

Et vous?

ORIANE

Admirabilissime.

AMARANTE

Entre nous?

DORANTE

Entre nous.

AMARANTE

Mais là, sans vous trahir, la trouvez-vous passable?

DORANTE

Admirable, Morbleu! du dernier admirable.

DAMIS

Je puis, sans l'avoir veuë, en dire autant que toy:
Quand on louë une Piece, il faut dire pourquoy,
Et tu dois nous donner une raison valable.

DORANTE

Par plus de vingt raisons je la trouve admirable.

CLITIE

Par plus de trente.

DAMIS

Ecoute, on te croit, si tu veux;
Mais de tant de raisons j'en dirois une ou deux.

DORANTE

Te diray-je pourquoy je la trouve admirable?
Parce que cette Piece est admirable.

LE COMTE

Diable!

Ta raison est bonne.

CLITIE

Ah!

ORIANE

Je l'allois dire aussi.

DORANTE

Il s'en faut rapporter à Monsieur que voicy:
C'est un Autheur.

SCENE VIII

LIZIDOR, AMARANTE, DORANTE, DAMIS, ORIANE, LE COMTE, CLITIE

DORANTE, à Lizidor

Mon cher, pour contenter ces Dames,
Donnez-nous vostre avis sur l'*Escole des Femmes.*
Vous verrez si la Piece a pour luy des appas.

AMARANTE

Ouy, jugez-en.

LIZIDOR

Madame, on ne m'en croiroit pas;
Et puis, d'en bien juger je ne suis pas capable.

DAMIS

Ah! Monsieur Lizidor, vous estes un fin Diable:
Au succez de l'Auteur vous prenez trop de part.

AMARANTE

Point; Monsieur Lizidor est un homme sans fard.
J'en croiray bonnement ce qu'il en voudra dire.
On deteste sa Piece, et chacun la dechire.
Pour moy, qui n'y vois rien que de bien assorty,
Contre tous ces Messieurs je soûtiens son party.
Ils ont beau l'abhorrer, je la trouve admirable.

LIZIDOR

Vostre party, Madame, est le plus raisonnable.
Ce que vous soûtenez, tout Paris le soûtient.

DORANTE

Bon! ma foy, c'est bien fait; la connoisseuse en tient.

LE COMTE

Comme tu dis, bon!

CLITIE

Bon!

AMARANTE

J'en parois peu marrie.

DORANTE

Il vous vient de payer de vostre raillerie.
Le Seigneur Lizidor est un homme d'esprit.

DAMIS

Mais Monsieur Lizidor doit prouver ce qu'il dit.

AMARANTE

S'il l'a fait trouver bonne, il sera fort habile.

LIZIDOR

En verité, Madame, il n'est rien si facile.
Jamais Scene plaisante eut-elle tant d'appas
Que la Scene d'Arnolphe à qui l'on n'ouvre pas?
N'a-t'on pas pour Alain une estime secrette
Quand pour ouvrir la Porte il appelle Georgette?

DORANTE

Ah, ah, ah!

LE COMTE

Quel Compere!

DORANTE

Il entend son métier.

ORIANE

A miracle.

CLITIE

A merveille.

AMARANTE

Il faut . . . .

DORANTE

Point de quartier.

Allons, allons!

LIZIDOR

Ensuite, est-il rien qui ne plaise
Dans ce que dit Arnolphe à la fille niaise?

Rien de plus innocent se peut-il faire voir?
Il arrive des Champs, et desire sçavoir
Si durant son absence elle s'est bien portée;
Hors les Puces, la nuit, qui m'ont inquietée,
Répond Agnés. Voyez quelle adresse a l'Auteur!
Comme il sçait finement réveiller l'Auditeur!
De peur que le sommeil ne s'en rendît le maistre,
Jamais plus à propos vit-on puces paraistre?
D'aucun trait plus galant se peut-on souvenir?
Et ne dormoit-on pas s'il n'en eût fait venir?

DORANTE

Tudieu!

LE COMTE

C'est raisonner.

ORIANE

Divinement.

CLITIE

Courage!

DORANTE

Diable! qu'un tel amy fait valoir un Ouvrage!

LE COMTE

Je t'en réponds.

LIZIDOR

Le Grez, n'est-il pas étonnant?
Void-on rien de si preste, et de si surprenant?
Aucun des Auditeurs osoit-il se promettre
Qu'Agnés sceut seulement ce que c'est qu'une lettre?
Et pour la lettre seule, où l'on void tant d'Amour,
Faut-il pas que l'Auteur ait révé plus d'un jour?

Cependant dans une heure une Innocente extreme
La compose, l'escrit, et la rend elle-mesme,
Quoyqu'Arnolphe l'éclaire avec un oeil perçant.
Un pareil procedé n'est-il pas innocent?
Luy void-on dementir son niais caractere?

DORANTE

Ho, ho, Comte!

LE COMTE

La peste!

ORIANE

On ne sçauroit mieux faire.

CLITIE

Je le croy.

DAMIS

Mais, Dorante, il pouvoit s'affranchir....

DORANTE

Hé, Baron!

DAMIS

Si. ...

DORANTE

Ma foy, tu ne fais que blanchir.
Prés d'un homme si docte, on fait mieux de se taire.

LIZIDOR

Est-il rien de si beau que l'endroit du Notaire?
Et cét endroit charmant, qu'on a tant admiré,
Avec tout l'Art possible est-il pas digeré?
Le petit Dialogue est d'une adresse extréme,

Et les moins delicats sont d'accord de ce point,
Qu'on ne peut pas répondre à ce qu'on n'entend point;
Cependant, par un jeu dont l'éclat doit surprendre,
L'un ne veut pas répondre à ce qu'il doit entendre,
Et, pour des deux costez faire voir des appas,
L'autre répond sans peine à ce qu'il n'entend pas.

DORANTE

C'est tout dire.

LE COMTE

Fort bien.

CLITIE

Vivat!

ORIANE

Il extasie.

DORANTE

Le Seigneur Lizidor, comme il les mortifie!

AMARANTE

Je pourrois luy respondre, et je crois entre nous . . . .

DORANTE

Dieu me damne, Madame! il en sçait plus que vous;
Des raisons qu'il vous dit nulle n'est contestable.

LIZIDOR

Enfin le dénoûment n'est-il pas admirable?
Le voyage d'Oronte est-il pas assuré?
Et le retour d'Enrique est-il pas preparé?
Vous m'allez alleguer que, touchant cét Enrique,
On le tire aux cheveux pour quitter l'Amerique,
Et que durant la Piece, en aucun des endrets,

On ne s'apperçoit point qu'il soit pere d'Agnés.
Mais il n'est point d'Auteurs dont la Plume n'apprenne
Que dans ce qu'on attend il n'est rien qui surprenne.
Au contraire, on croit beau ce qu'on trouve étonnant,
Et ce qu'on n'attend pas est toûjours surprenant.

DORANTE

De s'en mieux demesler je depite le Diable.

LE COMTE

Répondez, Madame.

DORANTE

Elle? il est insurmontable.

ORIANE

Il oublie un endroit effroyablement bon,
Où l'on parle d'Agnés qui jouë au Corbillon.
Pour moy, quand je l'oüis, mon plaisir fut extréme.

DORANTE

Vous verrez, sur ma foy, que c'est *Tarte à la cresme.*

ORIANE

Ouy, c'est *Tarte à la cresme,* et je l'aime d'amour.

LE COMTE

Parbleu! *Tarte à la cresme* a fait bruit à la Cour.

DORANTE

Pour moy, je ne vois rien qui me charme de mesme.

AMARANTE

Qu'y trouvez-vous de beau?

DORANTE

Moy? rien. *Tarte à la cresme,*
Madame.

AMARANTE

Il faut répondre, et je voudrois du moins
Que de bonnes raisons appuyassent mes soins;
Car enfin pour l'Auteur vostre zele est extréme.

DORANTE

Tarte à la cresme.

DAMIS

Amy, tu dois . . . .

DORANTE

Tarte à la cresme,
Amy.

AMARANTE

Quoy qu'il en pense, il nous doit estre égal;
Il aime trop l'Auteur pour en dire du mal.

DORANTE

Je soûtiens, sans l'aimer, quoy que l'Envie oppose,
Que sa Piece tragique est une belle chose.

AMARANTE

Sa Piece tragique?

DORANTE

Oüy.

LE COMTE

Sa Piece tragique?

DORANTE

Oüy.

AMARANTE

Je n'ay jamais rien veu de tragique de luy.

LE COMTE

Ny moy.

LIZIDOR

Ny moy.

ORIANE

Ny moy.

DORANTE

Qu'est-ce qu'il represente?

AMARANTE

Nommez-vous Tragedie une Piece plaisante?

DAMIS

Tu te mocques de nous, Chevalier.

DORANTE

Pourquoy?

DAMIS

Bon!

Appelle-t'on Tragique un Poëme bouffon?

DORANTE

Vous blâmez justement ce qu'il faut qu'on admire.
Quoy! morbleu! du Tragique, où l'on creve de rire;
C'est cela qu'on appelle un meslange d'appas.

AMARANTE

Mais le Tragique est noble et n'a rien de si bas.

DORANTE

Mais je sçay le Theatre, et j'en lis la *Pratique:*
Quand la Scene est sanglante, une Piece est tragique.

LE COMTE

Ouy.

LIZIDOR

Sans doute.

ORIANE

Il est vray.

DAMIS

Sans contredit.

AMARANTE

D'accord.

DORANTE

Dans celle que je dis, *le petit Chat est mort.*

LE COMTE

C'est le bien prendre!

LIZIDOR

Oh! oh!

ORIANE

Se remarque est certaine.

DAMIS

Quoy! le trépas d'un Chat ensanglante la Scene?

AMARANTE

Dans une Tragedie, un Prince meurt, un Roy.

DORANTE

Nous sommes tous mortels, et chacun est pour soy;
Et je tiens qu'une Piece est également bonne
Quand un Matou trépasse, ou quelqu'autre personne.

LE COMTE

Tu sçais le Theatre!

LIZIDOR

Oh!

ORIANE

          Son langage est profond.
Mais....

LE COMTE

     Mais répond, répond, répond, répond, répond!

DAMIS

Quoy?

LE COMTE

     Répond donc, Baron!

DAMIS

            Tu penses me confondre,
Et tu crois....

LE COMTE

     Par ma foy, tu ne sçaurois répondre.

DAMIS

Je ne le puis, de vray, tant que tu parleras;
Mais enfin, si....

LE COMTE

Ma foy, si, tant que tu voudras.
Sa raison....

AMARANTE

Sa raison est aisée à combattre.

DORANTE

Il est vray que l'Autheur n'entend pas le Theatre.

AMARANTE

Mais ce n'est pas l'entendre, apres tout.

DORANTE

Oh! que non!
Quand un homme en burlesque a sçeu faire un sermon,
Il me semble pourtant qu'on n'est pas mal habile;
L'auteur prend l'agreable et le joint à l'utile;
A ce que veut le peuple il se rend complaisant,
Et le force de rire en le catechisant.

LE COMTE

Tudieu! Tu l'entends?

LIZIDOR

Oh!

DAMIS, *à Dorante*

Tu n'a rien dit qui vaille.

DORANTE

Pourquoy, Baron?

AMARANTE

Pourquoy? Retournons la medaille.
Outre qu'un Satyrique est un homme suspect,

Au seul mot de Sermon nous devons du respect.
C'est une verité qu'on ne peut contredire.
Un Sermon touche l'Ame et jamais ne fait rire;
De qui croit le contraire on se doit défier,
Et qui veut qu'on en rie en a ry le premier.

LE COMTE

C'est mal répondre!

LIZIDOR

Puth!

DORANTE

Pitoyable Critique!

DAMIS

Dites donc ce que c'est que d'estre Satyrique.

DORANTE

Que d'estre Satyrique?

DAMIS

Oüy.

DORANTE

C'est satyriser.

AMARANTE

Oüy, mais satyriser, c'est railler, mépriser.
Ainsi, pour l'obliger, quoy que vous puissiez dire,
Vostre Amy du Sermon nous a fait la Satyre.
Et de quelque façon que le sens en soit pris,
Pour ce que l'on respecte on n'a point de mépris.

LE COMTE

Bagatelle!

DAMIS

Mais, Comte, apres tout, je m'engage . . . .

LE COMTE

Je serois bien fasché de t'oüir davantage;
Tu m'as trop fatigué par tes sottes raisons.

AMARANTE

Il ne peut rien répondre à ce que nous disons;
Mais Dorante sçait bien qu'on ne peut mettre en doute....

DORANTE

Moy? Je n'écoute pas si le Comte n'écoute.

DAMIS

Tu sçais....

LE COMTE

Je n'entends pas.

AMARANTE, *à Dorante*

Je croy....

DORANTE

Ny moy non plus.

DAMIS, *au Comte*

Mais....

LE COMTE *chant*

La, la, la, la, la, lare, la, la, la, la, la, la.

AMARANTE, *à Dorante*

Quoy?

DORANTE *chante aussi*

La, la, la, la, lare, la, la, la, la, la, la.

DAMIS, *au Comte*

Si....

LE COMTE

La, la, la, la, la, lare, la, la, la, la, la, la, la, la.

AMARANTE, *à Dorante*

Vous . . . .

DORANTE

La, la, la, lare, la, la, la, la, la, la, la, la, la, la.

DAMIS

Ma foy, vous me rendez confus.

AMARANTE

Pour moy, je les écoute, et je les étudie,
Car il faut de cecy faire une Comedie;
Je croy que dans son genre elle auroit ses appas.

DORANTE

A ce dessein, ma foy, je ne m'oppose pas,
Car je sçay que mon rolle y seroit raisonnable.

ORIANE

Le mien y seroit court, mais assez agreable.

LIZIDOR

Et le mien, ce me semble, y seroit assez bon.

LE COMTE

Pour Damis, à merveille il feroit le Bouffon.
La Sottise en sa bouche est placée en son centre.

(A Amarante)

Vous sçavez composer, travaillez-y.

AMARANTE

Moy? Diantre!

Je n'ay garde.

DORANTE

Et qui donc la fera comme il faut?

AMARANTE

Un Garçon que je sçais qu'on appelle Boursault....

LE COMTE

Je le connois: Pecore!

DAMIS

Il est bien chez la Muse.

LE COMTE

Il s'amuse à la Muse, et la Muse l'amuse.

AMARANTE

Mais les Vers de Boursault sont assez bien choisis.

LE COMTE

Je le soûtiens, Madame, un Butor parisis,
Une grosse Pecore, une pure Mazette.

DAMIS

Mais où la jouroit-on quand Boursault l'auroit faite?

AMARANTE

A l'Hostel de Bourgogne, où les plus delicats....

DORANTE

Ah! je vous promets bien qu'on ne l'y joûra pas:
Le Critique est à craindre; on a peur qu'il n'éclate,
Et l'Hostel de Bourgogne a passé sous sa patte.
S'ils s'estoient avisez de vouloir le bourer,
Où les pauvres Acteurs pourroient-ils se fourrer?
Toute la Normandie a-t'elle assez de Pommes

Pour jetter à la teste à ces mal-heureux hommes?
Ils ne le feront pas, je te le dis encor,
Dieu me damne!

DAMIS

         Ecoutez, je connois Floridor.
Je prendray son avis si cela se peut faire,
Et je vous l'envoyray s'il vous est necessaire.
Un petit denoûment est utile à cela.
Que faire?

SCENE IX ET DERNIERE

PETIT-JEAN, AMARANTE, LE COMTE, DAMIS, DORANTE,
LIZIDOR, ORIANE, CLITIE

PETIT-JEAN

On a servy, Madame.

AMARANTE

         Le voilà.
Je le donne à l'épreuve au plus grand Satyrique.
C'est de cette façon que finit la *Critique*,
Et les plus degoûtez trouveront des appas
Quand apres du Comique ils auront un Repas.

FIN

LE BOULANGER DE CHALUSSAY

ELOMIRE HYPOCONDRE

ou

LES MEDECINS VENGEZ

INTRODUCTION

Of all the satires written in dramatic from to attack Molière, by far the longest, most elaborate, and most virulent was *Elomire hypocondre,* a five-act verse play published in January 1670 by the otherwise unknown Le Boulanger de Chalussay. Despite the late date of its publication, internal evidence indicates that it was initially inspired by the Comic War in 1663-1664 and later modified to exploit the interest generated by Molière's attacks on the medical profession. Early in our own century, P. A. Becker published his conclusions as to the evolution of the play, pointing out that nearly all of the text must have been finished several years before 1670 and that the author apparently missed at least two opportunities to stage or to publish it in time to take advantage of public interest aroused by Molière-centered controversies. [1]

In 1956, John Cairncross published his own conclusions, partly confirming Becker's, partly modifying them to show that the composition of the play was both undertaken earlier and completed earlier than Becker supposed. [2] Whereas Becker theorized that the original version had been a one act play consisting of what later became the play-within-a-play *(Le Divorce comique)* of the fourth act, Cairncross believes that Le Boulanger de Chalussay first wrote the preface and a three-act play which he later expanded into the definitive five-act version. Moreover, Cairncross holds that the original play was ready by January or February

---

[1] "Elomire hypocondre," *Archiv für das Studium der neueren Sprachen und Literaturen,* 129. Band (1912), 175-187.

[2] *New Light on Molière: Tartuffe; Elomire hypocondre* (Genève, Droz, 1956).

of 1664, when the Comic War was still topical but after the King's intention to support Molière had precluded the staging or publication of further hostile material of this sort, instead of May or June, when the Comic War had been eclipsed by a new controversy arising out of the production of the first version of *Tartuffe*. Cairncross also believes that the expansion from three acts to five was completed by the spring of 1666, after the success of *L'Amour Médecin* and Molière's subsequent illness; and he surmises that Molière's thorough recovery and renewed success at the Palais-Royal discouraged Le Boulanger de Chalussay from releasing his play at that time. When he finally did decide to publish it toward the end of 1669, he was obliged to act quickly, making only minor changes in the text, in order to exploit the new interest in Molière's anti-medical satire aroused by scenes in *Monsieur de Pourceaugnac*.

At any rate, having been unlucky enough to *rater son coup* twice before, Le Boulanger de Chalussay was finally successful. His eminent victim may well have used his influence at Court to discourage the sale of the original edition, for in 1672 the author complained of such maneuvers in his foreword to the second of two pirated reprintings. One could hardly blame Molière for attempting to stifle the attack if he possibly could, for such varied and often outrageous abuse, with heavy emphasis on Molière's private life, must have been particularly unwelcome at a time when he appeared to have emerged triumphant from all his struggles to establish himself and his troupe as the most admired comic actors in the realm. In effect, Le Boulanger de Chalussay was setting the clock back some four to six years, renewing charges that had been generally disregarded since Molière had clearly established himself in the King's favor.

Vituperation and slander aside, this play has always had a certain importance for biographical or literary studies of Molière, although opinion as to its reliability varies widely. Michaut and Lancaster tended to dismiss it as being of little value in dealing with biographical or literary problems concerning Molière; for them, Le Boulanger de Chalussay's information requires confirmation by some other more reputable source before being accepted. Van Vree is somewhat more positive in describing *Elomire hypocondre:*

On le voit, cette comédie, succédant au triomphe de *Tar-tuffe*, contenait bien des grossièretés à l'adresse de Mo-lière, mais aussi bien des détails biographiques exacts, quoique présentés dans un esprit partial de haine et de méchanceté. [3]

Those biographical details are frequently cited by Adam in his discussion of Molière's career, and the play's most recent commen-tator, Cairncross, is quite willing to give the devil his due:

> Summing up, then, *Elomire*, however much malice went to its concoction, forms a useful base from which to ex-plore a number of important issues in Molière's life. If we follow the dictum that no one is guilty unless he is proved so, we may find to our surprise that the "ex-tremely well informed" de Chalussay has more to tell us than had been thought possible. [4]

Although there is no reason to give credence to Le Boulanger de Chalussay's worst scandalmongering, for example, Elomire's boastful claim that he had shown greater foresight than Arnolphe in *L'Ecole des Femmes* by marrying his own daughter rather than merely a girl who had been his ward since infancy (Act I, sc. iii), his portrayal in the *Divorce comique* episode of conditions at the Palais-Royal under Elomire's egotistical, tyrannical direction provides an entertaining contrast to the picture of relaxed solidar-ity offered in Molière's *Impromptu*. Perhaps the most interesting scene of the play — also found in *Le Divorce comique* — is the one in which Elomire proudly recounts his career as an actor, director, and dramatist, and is promptly contradicted by Angé-lique (Madeleine Béjart), who offers her own very unflattering version. As for the play's medical satire, the author was certainly no more respectful toward doctors than Molière was in his own plays; Elomire's efforts to obtain medical attention result in a series of practical jokes of which he is the butt, ending with his helpless confusion and complete humiliation at the hands of his erstwhile victims. The doctors prove to be a formidable, ingen-ious lot when it comes to taking revenge, but Le Boulanger de

---

[3] P. 220.
[4] P. 78.

Chalussay's characterization of them does nothing to enhance the reputation of their profession.

Unlike Donneau de Visé and Boursault, this author apparently never had a change of heart concerning Molière. Whatever his motives, he was remarkably persistent in his determination to vilify him at the height of Molière's popularity. Whatever the merits or demerits of Le Boulanger de Chalussay's play, it is not likely to be forgotten.

PREFACE

Tous les curieux sçavent qu'Elomire, voulant exceller dans
le Comique et surpasser tous les plus habiles en ce genre d'escrire,
a eu dessein d'imiter cet Amour de la Fable, qui, ayant inutilement décoché tous ses traits dans le coeur d'une Belle difficile à
vaincre, s'y lança enfin luy-mesme pour n'y plus trouver de resis-
tance. Car il est constant que tous ces Portraits qu'il a exposés
en veuë à toute la France, n'ayant pas eu une approbation gene-
rale comme il pensoit, et, au contraire, ceux qu'il estimoit le
plus ayant esté frondez en bien des choses par la plus-part des plus
habiles, dont il a rejetté la cause sur les Originaux qu'il avoit
copiez, il s'est enfin resolu de faire le sien et de l'exposer en
public, ne doutant point qu'un tel chef-d'oeuvre ne deust charmer
toute la terre. Il a donc fait son portrait, cét illustre Peintre, et
il a mesme promis plus d'une fois de l'exposer en veuë et sur le
mesme Theatre où il avoit exposé les autres; car il y a long-temps
qu'il a dit, en particulier et en public, qu'il s'alloit joüer luy-
mesme et que ce seroit là que l'on verroit un coup de maistre de
sa façon. J'attendois avec impatience et comme les autres curieux
un spectacle si extraordinaire et si souhaité, lorsque j'ay appris
que pour des raisons qui ne me sont pas connuës, mais que je
pourrois deviner, ce fameux Peindre a passé l'éponge sur ce
tableau, qu'il en a effacé tous les admirables traits, et qu'on
n'attend plus la veuë de ce portrait qu'inutilement; j'advoüe que
cette nouvelle m'a surpris et qu'elle m'a esté sensible, car je m'estois formé une si agreable idée de ce portrait fait d'apres nature,
et par un si grand ouvrier, que j'en esperois beaucoup de plaisir;
mais enfin j'ay fait comme les autres, je me suis consolé d'une si
grande perte, et, afin de le faire plus aisément, j'ay ramassé toutes

ces idées dont j'avois formé ce portrait dans mon imagination,
et j'en ay fait celuy que je donne au public. Si Elomire le trouve
trop au-dessous de celuy qu'il avoit fait, et qu'une telle copie
deffigure par trop un si grand original, il luy sera facile de tirer
raison de ma temerité, puisqu'il n'aura qu'à refaire ce portrait
effacé et à le mettre au jour. S'il le fait ainsi, le public m'aura
beaucoup d'obligation par le plaisir que je luy auray procuré; et
s'il ne le fait pas, il ne laissera pas de m'en avoir un peu, puisque
la copie d'un merveilleux original perdu n'est pas une chose peu
curieuse. Au reste, qu'on ne croye pas que le grand nombre d'Acteurs puisse empescher la representation de cette Comedie; car,
outre que la pluspart de ceux qui paroissent au commencement
ne paroissent point dans la suitte et, par conséquent, qu'ils puissent faire plus d'un personnage chacun, il est encore à observer
que les deux tiers ne parlent point ou fort peu, que ce sont des
personnages muets qui ne servent qu'à l'embellissement de la
Scene et à l'explication du sujet, et qu'on a de ces sortes d'Acteurs
tant qu'on veut et partout.

LES PERSONNAGES DE LA COMEDIE

ELOMIRE
ISABELLE, femme d'Elomire
LAZARILLE, valet d'Elomire
CASCARET, laquais d'Isabelle
BARY, Operateur
L'ORVIETAN, Operateur
ALCANDRE, Medecin
GERASTE, Medecin
EPISTENEZ, Medecin
ORONTE, Medecin
CLIMANTE, Medecin
CLEARQUE, Medecin
CLARICE, femme de Medecin
LUCINDE, femme de Medecin

ALPHEE, femme de Medecin
LUCILLE, femme de Medecin
CALISTE, femme de Medecin
CONVIEZ à la Comedie et au bal
DEUX MUSICIENS, representant
   Esculape et Mome
UN EXEMPT du Guet
LE BALAFRÉ, Archer du Guet
SANS MALICE, Archer du Guet
AUTRES ARCHERS
SIX FEINTS TURCS
LE DRAGOMAN
UN SUISSE
ANTHOINE, valet des Medecins

La Scene est à Paris.

LES PERSONNAGES DE LA COMEDIE EN COMEDIE

FLORIMONT, Comedien
ROSIDOR, Comedien
ELOMIRE, Comedien
ANGELIQUE, Comedienne
AUTRES COMEDIENS ET COMEDIEN-
   NES

LE PORTIER des Comediens
LE CHEVALIER
LE COMTE
LE MARQUIS
UN VALET

La Scene est dans la Salle des Comedies du Palais-Royal.

ACTE PREMIER

SCENE PREMIERE

La Scene de cet Acte est dans la Chambre d'Elomire, qui doit estre fort parée.

ELOMIRE, ISABELLE, LAZARILE

ELOMIRE

Toy qui, depuis l'Hymen qui nous unit tous deux,
N'eus que d'heureuses nuits, et que des jours heureux,
Toy qui fut mon plaisir, toy dont je fus la joye,
Aprends le dur revers que le Ciel nous envoye;
Et pour me soulager en de si grands travaux,
Compagne de mes biens, viens l'estre de mes maux.

ISABELLE

Quel mal avez-vous donc?

ELOMIRE

            Ah! j'en ay mille ensemble!

ISABELLE

Quels maux, et depuis quand? dites viste, je tremble!

ELOMIRE

N'as-tu point remarqué que depuis quelque temps
Je tousse et ne dors point?

ISABELLE

Non.

ELOMIRE

Je crois que tu ments.
Et ce frais en bon-point dont brilloit mon visage,
Comment le trouves-tu?

ISABELLE

Tout de mesme.

ELOMIRE

Je gage
Contre toy qu'il s'en faut pour le moins les trois quarts.

ISABELLE, *à part*

Que dit-il, justes Dieux! ah! les vilains regards!
Il est fou.

ELOMIRE

Lazarile, ai-je pas le teint blesme?

LAZARILE

Ouy, Monsieur.

ELOMIRE

Le miroir me l'a dit tout de mesme;
Et ces bras qui naguere estoient de vrais gigots,
Comment les trouves-tu?

LAZARILE

Ce ne sont que des os,
Et je croy que bien-tost, plus secs que vieux squeletes,
On s'en pourra servir au lieu de castaignettes.

ISABELLE

Lazarile.

LAZARILE

Madame?

ISABELLE

Apprenez qu'un valet
Qui se moque d'un Maistre a souvent du balet;
Et si vous ne voulez proscrire vos épaules,
Taisez-vous et sçachez que nous avons des gaules.
Quoy! vostre Maistre est maigre et pasle, dites-vous?

LAZARILE

S'il n'est tel à mes yeux, qu'on m'assomme de coups.

ISABELLE

Est-il tel à vos yeux, s'il est autre à ma veuë?

ELOMIRE

Mais, ma femme, peut-estre avez-vous la berlue?
Car, enfin, Lazarile . . . .

ISABELLE

Et Lazarile et vous,
Si vous vous croyez maigre et pâle, estes deux foux.
Vous dormez comme un porc, vous mangez tout de mesme;
Qui diantre donc pouroit vous rendre maigre et blême?

ELOMIRE

J'auray donc la couleur telle que tu voudras,
Et mesme, si tu veux, je seray gros et gras;
Mais que m'importe-t-il? je me croy bien malade,
Et qui croit l'estre, l'est.

ISABELLE

Mais qui se persuade
D'estre malade alors qu'il est sain comme vous
Est dans le grand chemin de l'hospital des foux.

LAZARILE

Madame dit fort bien, et si je ne m'abuse,
Il faudra vous y mettre . . . .

ELOMIRE

O la plaisante buze!
Quand, comme il vous paroist, j'aurois l'esprit gasté,
Est-ce que l'on met là les foux de qualité?
Y vid-on de la Cour jamais mener personne?

LAZARILE

Mon Maistre n'est pas fou, comment diable! il raisonne!
Il dit vray, j'en connois à la Cour plus de six
Qui sont plus foux que luy.

ELOMIRE

J'en connoy plus de dix,
Et je les nommerois, s'il estoit necessaire.

ISABELLE

Ah! mon cher Elomire, aprenez à vous taire;
Je connoy vostre mal; pour avoir top parlé,
Quelque ennemy vous a, sans doute, ensorcelé.

ELOMIRE

Comment, ensorcelé? je suis donc sans remede?

ISABELLE

Qui vous a fait le mal vous peut donner de l'aide.

LAZARILE

Ouy bien, si le morceau n'est donné pour toûjours;
Car autrement, mon Maistre est sans aucun secours.

ELOMIRE

Mais quand ce sorcier-là pourroit m'estre propice,
Comment le voudroit-il, s'il eut tant de malice?

LAZARILE

S'il estoit honneste homme?

ELOMIRE

                    Honneste homme et sorcier?

LAZARILE

Il est d'honnestes gens, Monsieur, de tout mestier;
Comme de tout mestier, il en est aussi d'autres.

ELOMIRE

Mais, s'il est contre nous, peut-il estre des nostres?

LAZARILE

On ramene souvent les gens au bon chemin,
Et je vous en répons, s'il n'est pas Medecin;
Mais s'il est tel, ma foy, l'attente est ridicule:
Je n'en connois pas un moins testu que sa mule.

ELOMIRE

Ah! je suis donc perdu, Lazarile.

LAZARILE

                    Pourquoy?

ELOMIRE

C'en est un; qu'en dis-tu, ma femme?

ISABELLE

Je le croy;
Mais pourquoy diantre aussi vous mîtes-vous en tête
De joüer ces gens-là?

ELOMIRE

Que veux-tu? j'estois beste;
Mais quoy! j'ay fait la faute, et je la paye bien.

LAZARILE

Bon courage, Monsieur! peut-estre n'est-ce rien;
L'on voit beaucoup de gens prendre pour sortilege
Ce qui n'est que poison.

ELOMIRE

Mais comment le sçaurais-je?

LAZARILE

Vous en allez bien-tost estre tout éclaircy;
L'Orvietan et Bary s'en vont venir icy:
Je les en ay priez ce matin par vostre ordre;
Si ceux-là n'y font rien, personne n'y peut mordre.

ELOMIRE

Je le sçay mieux que toy; nous avons autrefois
Etudié sous eux, et des jours plus de trois;
Et sans eux, ce talent que j'ay pour le Comique,
Ce talent dont je charme, et dont je fais la nique
Aux plus fameux bouffons, eust avant le berceau
En malheureux mort-né rencontré son tombeau.

ISABELLE

Le Ciel l'eust-il permis?

ELOMIRE

Mais, ma chere Isabelle,

Sans luy nous verrions-nous une chambre si belle?
Ces meubles precieux sous de si beaux lambris,
Ces lustres éclatans, ces cabinets de prix,
Ces miroirs, ces tableaux, cette tapisserie,
Qui seule épuisa l'art de la Savonnerie:
Enfin, tous ces bijoux qui te charment les yeux,
Sans ce divin talent seroient-ils en ces lieux?

ISABELLE

Non, ils n'y seroient pas, mias nous vous verrions sage,
Et cela suffiroit dans nostre mariage;
Car enfin, dites-moy, sans ces maudits talens,
Auriez-vous entrepris et les Dieux et les gens?
Et sans cette entreprise, aussi sotte qu'impie,
Auriez-vous ces accez qui passent la folie?

ELOMIRE

Je n'entrepris de trop que les seuls Medecins,
Puisque pour s'en venger, ils sont mes assassins
Mais qui ne l'eust pas fait en une conjoncture
Où nous vismes leur art berné par la nature,
Lorsque sans son secours, que même il n'offroit pas,
Elle tira Daphné des portes du trépas?

SCENE II

CASCARET, ELOMIRE, ISABELLE, LAZARILE

ISABELLE

Que veux-tu, Cascaret?

CASCARET

C'est Monsieur qu'on demande.

ELOMIRE

Qui?

CASCARET

Deux hommes, dont l'un a la barbe fort grande,
L'autre fort courte.

LAZARILE

Bon. Monsieur, ce sont nos gens.

ELOMIRE, *à Lazarile*

Va les faire monter.
          (Lazarile sort. A Isabelle)
          Vous entrez là dedans?
     *(Isabelle et Lazarile estant sortis, Elomire arrange
un fauteüil, une chaise à dos et un placet.)*

SCENE III

BARY, L'ORVIETAN, ELOMIRE

*(Tous refusent le fauteüil et la chaise à dos
et veulent prendre le placet par ceremonie, en se
faisant de grandes reverences les uns aux autres.)*

BARY

L'Humilité trop ravalée
Cache souvent beaucoup d'orgueil:
C'est pourquoy dans une assemblée
Le plus grand doit d'abord s'emparer du fauteüil.
Le plus petit, tout au contraire,
Toûjours honteux de sa misere,
Ne doit se placer qu'au bas bout,
Et ne parler jamais que nud-teste et debout.

ELOMIRE

Par cette regle qui decide
Ce point entre nous debattu,
Celuy de vous deux qui preside

Doit prendre ce fauteüil, ou passer pour testu:
  Car je ne puis sans méconnaistre
  Que l'un et l'autre fut mon Maistre,
  Ny sans meriter mille coups,
Me seoir ny me couvrir, sans m'eloigner de vous.

L'Orvietan

  La chosse a pien chanché de face
  Depuis le temps dont fou parlez:
  Fou n'estiez lors qu'une limace
Et qu'un paufre serpent; maintenant fou folez;
  Ma fou folez à tire d'aisles;
  Les Taparins et les Padelles
  Ne seroient que fos Escoliers,
Dont la Cour chaque jour coufre de lauriers.

Elomire

  Il est vray qu'avec quelque gloire
  L'on me voit paroistre à la Cour;
  Et sans par trop m'en faire accroire
Je sçay faire figure en ce brillant sejour;
  Mais quelque rang que l'on m'y donne,
  Et quelque éclat qui m'environne,
  Je ne prendray point les dessus:
Si je voy qui je suis, je sçay ce que je fus.

Bary

  L'humilité, je vous l'avouë,
  Quand elle part du fond d'un coeur
  Fraischement sorty de la bouë,
Merite qu'on l'estime, et qu'on luy fasse honneur;
  Mais à parler sans artifice,
  Je croirois avecque justice
  Devoir tenir mon quant-à-moy,
Si j'estois, comme vous, le premier fou du Roy.

Lazarile, *à Bary*

Dites bouffon, Monsieur; le nom de fou nous choque.

BARY

Ah! l'ignare! entre nous, ce terme est univoque:
Qui dit fou dit bouffon; qui dit bouffon dit fou.

LAZARILE

Quoy? comme qui diroit ou chou-vert ou vert chou?

BARY

Tout de mesme . . . .

LAZARILE

En ce cas, mon Maistre est l'un et l'autre,
Car c'est un grand bouffon.

ELOMIRE

Taisez-vous, valet nostre;
Je ne demeure pas bien d'accord de ce fait.
    BARY, *s'asseyant brusquement dans le fauteüil*
Je vay vous le prouver et fort clair et fort net.
Soyez-vous.
    *(L'Orvietan prend brusquement la chaise à dos
            et Elomire le placet.)*
Aprenez, mes illustres Confreres,
Que tout nostre art consiste en deux points necessaires:
Le premier, c'est d'aprendre à grimacer des mieux;
L'autre, à bien debiter ces grands charmes des yeux,
Ces gestes contrefaits, cette grimace affreuse,
Dont on fait tousjours rire une troupe nombreuse.
Dedans ce premier point, nous ne sommes que foux;
Mais dans l'autre, bouffons.

LAZARILE

De grace, expliquez-vous;
Je ne vous entends point!

BARY

Par exemple, Elomire

Veut se rendre parfait dans l'art de faire rire;
Que fait-il, le matois, dans ce hardy dessein?
Chez le grand Scaramouche il va soir et matin.
Là, le miroir en main, et ce grand homme en face,
Il n'est contorsion, posture, ny grimace
Que ce grand Ecolier du plus grand des bouffons
Ne fasse et ne refasse en cent et cent façons.
Tantost pour exprimer les soucis d'un ménage,
De mille et mille plis il fronce son visage;
Puis, joignant la pâleur à ces rides qu'il fait,
D'un mary malheureux il est le vray portrait.
Apres, poussant plus loin cette triste figure,
D'un cocu, d'un jaloux, il en fait la peinture;
Tantost à pas comptez, vous le voyez chercher
Ce qu'on voit par ses yeux qu'il craint de rencontrer;
Puis s'arrestant tout court, écumant de colere,
Vous diriez qu'il surprend une femme adultere;
Et l'on croit, tant ses yeux peignent bien cet afront,
Qu'il a la rage au coeur, et les cornes au front.
Ensuitte . . . .

ELOMIRE

C'est assez, je l'entends et l'advouë:
Je suis fou quand j'aprends, et bouffon quand je jouë.

BARY

Justement. Mais en quoy vous pouvons-nous servir?

ELOMIRE

En connoissant mes maux, et les pouvant guerir.

BARY

Vous n'en pouvez douter, sans une erreur extrême;
Je vous garantis sain, fussiez-vous le mal même,
Et l'Orvietan, sans doute, est de mon sentiment.

L'ORVIETAN

Ouy, s'il s'achit icy de poison seulement.

Ma fuissiez-fou larté d'aspics et de viperes,
Lio forte et l'arsenic proulast-il fos fisceres;
Déja fos intestins en foussent-ils ronchez,
Et foussiez-fou mordou de cent chians enrachez;
Ne crainté pu la mort, ny que le mal empire:
Foicy moy, l'Orfietan, et cela c'est tout dire.

LAZARILE

Mais, Messieurs, si mon Maistre estoit ensorcelé?

BARY

Je le gueris, te dis-je, et fust-il endiablé:
Mieux je gueris les maux, plus ils sont incurables.

ELOMIRE

Dieu benisse des gens si bons et si capables.

BARY

Quel est donc vostre mal?

ELOMIRE

                Il est tel, mes amis,
Que sans vous je suis mort, et peut-estre encor pis.

BARY

Et peut-estre encor pis? La mort est, ce me semble,
Le suc et le pressis de tous les maux ensemble:
On remedie à tout, dit-on, fors qu'à la mort.

ELOMIRE

Il est vray; sçachez donc enfin quel est mon sort.
Mon *Amour Medecin,* cette illustre Satyre,
Qui plut tant à la Cour, et qui la fit tant rire,
Ce chef-d'eouvre qui fut le fleau des Medecins,
Me fit des ennemis de tous ces assassins,
Et du depuis, leur haine, à ma perte obstinée,
A tousjours conspiré contre ma destinée.

BARY

Ce n'est jas sans sujet qu'on dit à ce propos:
Plures Medecinam, nutrire nefandos.

ELOMIRE

Ce n'est pas sans sujet, en effet, car moy-méme
J'esprouve chaque jour cette malice extréme.
Escoutez. L'un d'entre eux, dont je tiens ma maison,
Sans vouloir m'alleguer pretexte ny raison,
Dit qu'il veut que j'en sorte, et me le signifie;
Mais n'en pouvant sortir ainsi, sans infamie,
Et d'ailleurs ne voulant m'éloigner du quartier,
Je pare cette insulte, augmentant mon loyer.
Dieu sçait si cette dent que mon hoste m'arrache
Excite mon courroux; toutefois je le cache;
Mais quelque temps apres que tout fut terminé,
Quand mon bail fut refait, quand nous l'eûmes signé,
Je cherche à me venger, et ma bonne fortune
M'en fait trouver d'abord la rencontre oportune.
Nous avions resolu, mes compagnons et moy,
De ne joüer jamais, excepté chez le Roy,
Devant ce Medecin, ny devant sa sequele:
Pourtant, soit à dessein de nous faire querelle,
Soit par d'autres motifs, la femme de ce fat
Vint pour nous voir joüer, mais elle prit un rat:
Car la mienne aussi-tost en estant avertie
Luy fit danser d'abord un bransle de sortie.
Comme alors je croyois que tout m'estoit permis,
Je negligeay d'en dire un mot à mes amis.
Las! j'aurois prevenu par là ce que ce here,
Pour venger cet affront, ne manqua pas de faire.
Je fis donc ce faux pas; tandis ce raffiné
Prevint toute la Cour dont je me vis berné.
Car par un dur arrest qui fut irrevocable,
On nous ordonna presque une amende honorable.
Je vais, je viens, je cours, mais j'ay beau tempester,
On me ferme la bouche, et loin de m'écouter;
Taisez-vous, me dit-on, petit vendeur de baume,

Et croyez qu'Esculape est plus grand Dieu que Mome.
Apres ce coup de foudre, il fallut tout souffrir;
Ma femme en enragea, je faillis d'en mourir;
Et ce qui fut le pis, pendant ma maladie,
Fallut de mes boureaux souffrir la tyrannie.
Ma femme les manda, sans m'en rien témoigner.
D'abord qu'ils m'eurent veu: *Faut saigner, faut saigner,*
Dit nostre bredoüilleur. — *Ah! n'allons pas si viste!*
L'on part toûjours à temps, quand on arrive au giste,
Dit Monsieur le lambin. — *C'est là bien decider,*
Dit un autre, *il ne faut ny saigner ny tarder;*
Si l'on tarde, il est mort; si l'on saigne, hydropique;
Et nostre peu d'espoir n'est plus qu'en l'Emetique.
Chacun des trois s'obstine et soustient son advis,
Et tous trois, tour à tour, enfin furent suivis:
L'on saigna, l'on tarda, l'on donna l'Emetique,
Et je fus fort long-temps leur plus grande pratique.
A la fin je gueris, mais s'il faut l'advoüer,
Ce fut par le plaisir que j'eus de voir joüer
Mon *Amour Medecin* par mes Medecins mesmes;
Car malgré mes chagrins et mes douleurs extrémes,
J'admiray ma copie en ces originaux,
Et je tiray mon mal d'où j'avois pris mes maux.

BARY

C'est ainsi qu'un miracle en a produit un autre.

ELOMIRE

Si j'ay fait mon miracle, il faut faire le vostre.

BARY

Nous vous l'avons promis, non pas *semel*, mais *bis.*
Mais bast! *Operibus credito, non verbis.*

L'ORVIETAN

Res faciunt fidem, non verba, dit Flamine.

ELOMIRE

Soit, voilà de mes maux la premiere origine;
Escoutez la seconde. Aussi-tost que mon coeur
Eut repris tant soit peu de force et de vigueur,
Et que de mon esprit la fâcheuse pensée
Des suites de la mort se fut un peu passée,
Je pris tant de plaisir à voir tous les matins
Mes grotesques Docteurs prescher sur mes bassins
Et humer à plain nez leur fumante purée,
Que de ma guerison j'ay la preuve asseurée;
Car ma force redouble, et je deviens plus frais
Et plus gros et plus gras que je ne fus jamais.
Lors je monte au Theâtre, où par de nouveaux charmes,
Mon *Amour Medecin* fait rire jusqu'aux larmes;
Car en le confrontant à ses originaux,
Je l'avois corrigé jusqu'aux moindres deffauts.
Ainsi, d'un nouveau bruit cette merveille éclate;
Chacun y court en foulle épanoüir sa rate;
Et quoyqu'à trente sols, il n'est point de Bourgeois
Qui ne le veuille voir du moins cinq ou six fois.
Jugez, mes chers amis, si je ris dans ma barbe
De voir ainsi dauber la casse et la rubarbe,
Et si, voyant grossir chaque jour mon gousset,
De ce douzain Bourgeois, j'ay le coeur satisfait.
Je l'eus, n'en doutez point, et de toute maniere;
Mais que la joye est courte, alors qu'elle est entiere,
Et qu'on voit rarement, du soir jusqu'au matin,
Durer sans changements le cours d'un beau destin.
Je vivois donc ainsi dans une paix profonde,
Plus heureux que mortel qui fût jamais au monde,
Quand un soir, revenant du Theatre chez moy,
Un phantosme hydeux que de loin j'entrevoy
Se plante sur ma porte et bouche mon allée;
Je n'en fais point le fin: mon ame en fut troublée,
Et troublée à tel point qu'estant tombé d'abord,
On ne me releva que comme un homme mort.
Je revins; mais helas! depuis cette advanture,
J'ay souffert plus de maux qu'un damné n'en endure,

Et, sans exagerer, je vous puis dire aussi
Qu'homme n'a plus que moy de peine et de soucy.
Vous en voyez l'effet de cette peine extrême
En ces yeux enfoncez, en ce visage blesme,
En ce corps qui n'a plus presque rien de vivant,
Et qui n'est presque plus qu'un squelette mouvant.

BARY

Où souffrez-vous le plus, au fort de ces tortures?

ELOMIRE

Partout également, jusques dans les jointures;
Mais ce qui plus m'allarme, encore qu'il le deust moins,
C'est une grosse toux, avec mille tintoins
Dont l'oreille me corne.

BARY

                    O les grandes merveilles!
Les cornes sont toûjours fort proches des oreilles.

ELOMIRE

J'aurois des cornes, moy? moy, je serois cocu?

L'ORVIETAN

On ne dit pas qu'encor fou le soyez *actu;*
Mais estant marié, c'est chosse tres certaine
Que fous l'estes du moins en puissance prochaine.

ELOMIRE

Ah! treve de puissance et d'acte, s'il vous plaist,
Et, de grace, laissez le monde comme il est;
Je ne suis point cocu, ny ne le sçaurois estre,
Et j'en suis, Dieu mercy, bien asseuré.

BARY

                              Peut-estre.

ELOMIRE

Sans peut-estre; qui forge une femme pour soy,
Comme j'ay fait la mienne, en peut jurer sa foy.

BARY

Mais quoyque par Arnolphe Agnes ainsi forgée,
Elle l'eust fait cocu, s'il l'avoit épousée!

ELOMIRE

Arnolphe commença trop tard à la forger;
C'est avant le berceau qu'il y devoit songer,
Comme quelqu'un l'a fait.

L'ORVIETAN

On le dit.

ELOMIRE

                              Et ce dire
Est plus vray qu'il n'est jour....

BARY ET L'ORVIETAN, s'éclatant de rire en mesme temps

                        Ah! ah! ah!

ELOMIRE

                        Pourquoy rire?

BARY

Bons Dieux, qui ne riroit? Quoy! vous, comedien,
Vous piquerez d'un nom dont mille gens de bien
Se moquent tous les jours?

ELOMIRE

                  Qui le voudra s'en moque;
Je n'en fais point le fin: le nom de sot me choque.

BARY

Mais, de grace, parlons un peu sans passion.

Homme fit-il jamais vostre profession
Qui femme eust pour luy seul?

ELOMIRE, *brusquement*

Et pourquoy pour les autres?

BARY

Parce que parmy vous toutes choses sont vostres:
Point de *mien*, point de *tien*, non plus qu'au siecle d'or.

ELOMIRE, *haussant sa voix*

Bon pour les Tabarins et leur Maistre, Mondor;
Bon pour leurs descendants, qui par tout le Royaume
Courent ainsi que vous y debiter le baume,
L'onguent pour la brûlure et le contre-poison.

BARY, *haussant sa voix et se mettant en colere*

Elomire, morbleu!... Point de comparaison;
Le nom d'Operateur est d'un trop haut étage
Pour estre ravalé par un... Sang bleu! j'enrage!

ELOMIRE, *du mesme ton*

Je n'enrage pas moins, ventre! et si ce n'estoit
Que vous estes chez moy, le gourdin trotteroit.

L'ORVIETAN, *du mesme ton*

Le courdin trotteroit! Dis donc sur tes épaules!
Tarte à la crême!

(*En disant* tarte à la crême, *il prend un bout du chapeau
d'Elomire et luy fait faire un tour sur sa teste.*)

ELOMIRE, *transporté de colere à ce tour de chapeau*

Ah! teste! A moy, mes gens! des gaules!
Lazarile, fondons sur ces croque-crapaux!

(*Elomire se veut jetter sur l'Orvietan et sur Bary à ces
mots; et Lazarile se met entr'eux, et retient Elomire.*)

LAZARILE

Ah! songez à vos maux,
Et vous ressouvenez que par cette colere
Vous perdez un secours qui vous est necessaire.

ELOMIRE, *voulant se jetter sur Bary et
sur l'Orvietan, malgré Lazarile*

N'importe que je perde; en deussé-je mourir,
Je veux venger l'affront que je viens de souffrir.

BARY, *d'un ton menaçant*

Et bien donc, tu mourras, frenetique caboche!
Mais quoyque ton trépas des-ja soit assez proche,
Il n'arrivera point qu'en l'Hospital des fous
Tu ne sois couronné, comme le Roy de tous.

(*Bary et l'Orvietan sortent.*)

ELOMIRE, *estant resté seul avec Lazarile, et demeuré
tout d'un coup comme interdit et confus*

Cent fois plus estourdy qu'un homme que la foudre
A, sans briser ses os, renversé sur la poudre,
Interdit et confus du faux pas que j'ay fait,
Je commence dé-ja d'en ressentir l'effet;
Oüy, j'aperçoy déja que tous mes maux redoublent,
Que ma raison s'égare et que mes sens se troublent;
Et si ton amitié ne vient à mon secours,
Lazarile, tu vois le dernier de mes jours.

LAZARILE

Mais pourquoy quereller, et par un pur caprice,
Des gens venus exprés pour vous rendre service?

ELOMIRE

Ah! ne connois-tu pas ma trop jalouse humeur?
Elle emporte mon ame avec tant de fureur
Que d'abord qu'on me parle ou de femme ou de cornes,
Ma raison est sans force, et ma rage sans bornes.

LAZARILE

Sans ce foible, on vous eust guery dans un *Pater*;
Mais, *uno avulso, non deficit alter,*
Comme dit doctement vostre amy Carmeline.
Quittez donc cet air triste et cette humeur chagrine,
Car, sans estre connu, par mon invention,
Vous aurez aujourd'huy la consultation
Des trois plus grands Docteurs qui soient dans le Royaume.
Mais ne les traitez pas en debiteurs de baume;
Ils sont tous Medecins, et de la Faculté;
Vous sçavez ce qu'on doit à cette qualité.

ELOMIRE

Je sçay ce qu'on luy rend et ce qu'on luy doit rendre;
Et par là, je ne sçay ce que j'en dois attendre;
Mais n'importe, en l'estat où je me voy reduit,
Je me soûmets à tout, fust-ce sans aucun fruit.

LAZARILE

Allons donc?

ELOMIRE

      Je le veux; allons, aimable drille;
Si je guery jamais, je te donne ma fille.

LAZARILE

Vostre fille pourroit, possible, estre plus mal;
Mais....

ELOMIRE

      Sans mais; rien ne vaut un valet si loyal.

FIN DU PREMIER ACTE

ACTE II

SCENE PREMIERE

(La Scene de cet Acte est devant et dedans une grande maison, à la porte de laquelle il y un Suisse, et où arrivent les trois Medecins sur leurs mules pour voir Elomire déguisé en Turc, sous le nom du Bassa Sigale.)

ALCANDRE, GERASTE, EPISTENEZ, ANTOINE, LE SUISSE

ANTOINE

Suisse, est-ce icy l'Hostel de Monseigneur Sigale?

LE SUISSE

Dy Bassa, point Monsgneur; ma qu'eut-sti parpe sale?

ANTOINE

Ce sont ses Medecins qui viennent le guerir.

LE SUISSE

Martecins? Pon, mon foy, pou fare ly mourir.
Martecins pons pouriots; comme il disoit mon fame,
Quand dy leu drogueman, il y voumit son lame.

ALCANDRE

Ouvrez, Suisse, ouvrez vite; apres, tout à loisir,
Vous cuverez le vin qui vous fait discourir.

LE SUISSE

Moy lyvre? Point pourtout: ton chival n'est qu'un peste;
Moy point mal à mon pied, moy point mal à mon teste.

ALCANDRE

Antoine, entrez dedans, et parlez à quelqu'un.

LE SUISSE, *presentant sa hallebarde à Antoine,
qui veut entrer dans la maison*

Party, si lentre toy, moy ty . . . .

ALCANDRE, *à part*

Quel importun!
Sans doute il nous fera perdre quelque pratique.

LE SUISSE, *joüant de sa hallebarde, et faisant
un petit saut apres*

Moy pou les Martecins fait touchour trique, nique,
Frisque, frasque, et pon fin pour moy Suisse, mon foy!

ALCANDRE, *voyant des Turcs dans la Cour*

Hola, gens du Bassa! venez et parlez-moy!

(à part)

J'en voy six, et, parbleu! pas un d'eux ne s'avance;
Mais, enfin, les voicy. Dieux! quelle contenance!

SCENE II

SIX TURCS, ALCANDRE, GERASTE, EPISTENEZ, ANTOINE, LE SUISSE

ALCANDRE, *aux Turcs faisant les reverences*

Tréve de reverence, et parlez, s'il vous plaist:
Est-il heure d'entrer? vostre Maistre est-il prest?

LE SUISSE, *à Alcandre*

Toy l'est fou, Martecin, n'entendre point ton langue.

(Le Dragoman paroist.)

Ma foicy ly Dracman; fiche à ly ton harangue.

SCENE III

LE DRAGOMAN, LES SIX TURCS, ALCANDRE, GERASTE,
EPISTENEZ, ANTOINE, LE SUISSE

ANTOINE

Monsieur le Dragoman, peut-on voir le Bassa?
Voicy ses Medecins.

LE DRAGOMAN

*(Dés qu'il parle, l'un des Turcs ouvre viste la grande
porte, et tous les six s'estant mis trois à trois des deux
costés, les Medecins entrent sur leurs mules dans la
cour, dont la porte se referme aussi-tost que les Turcs
et le Dragoman sont aussi rentrez.)*
                                    Mustapha,
Baroc, Mil-duc, Dalec. Messieurs, vostre arrivée
Profite à Monseigneur, comme aux champs la rosée.

*(Une toille se tire, et il paroist une chambre bien
parée, dans laquelle Elomire et Lazarile paroissent
habillez en Turcs, Elomire estant assis sur un carreau,
les jambes croisées, et Lazarile debout.)*

SCENE IV

ELOMIRE, LAZARILE

LAZARILE

Et bien, n'aurez-vous pas la consultation

Que vous souhaitiez tant, par mon invention?
Et sans estre connu des bastards d'Hypocrate,
Ne leur pourrez-vous pas montrer et foye et rate,
Et tripes et boudins; c'est à dire, en un mot,
Leur dire tous vos maux, jusqu'à ceux du garrot?

ELOMIRE

Qu'entens-tu par ces maux du garrot? Il me semble
Que cela sent le trot, et le galop, et l'amble,
C'est à dire la beste, et je ne la suis pas.

LAZARILE

Combien donc s'en faut-il? Par ma foy! pas deux pas.
Ouy, vous estes cent fois moins homme que pecore,
Monsieur, je vous l'ay dit, et je le dis encore:
Ce foible soupçonneux, enfin, vous rendra fou;
Et si j'y suis trompé, qu'on me casse le cou.
Quoy! dés qu'on dit un mot qui vous semble equivoque,
Vous y trouvés à mordre, et vôtre esprit s'en choque!

ELOMIRE

Mais quand on dit qu'un homme en tient sur le garrot,
Qu'est-ce à dire en François, sinon qu'il est un sot?
Et sot, en cet endroit, n'a-t-il pas un sens double?

LAZARILE

Mon Maistre, sur ma foy, peu de chose vous trouble;
Vous trouveriez, je pense, à tondre sur un oeuf;
Mais pour nostre repos, fussiés-vous déja veuf!
Aussi bien, sans cela, je vous croy sans remede,
Dans ce foible fascheux, qui si fort vous possede.

ELOMIRE

Tel est l'ordre fatal de mes cruels destins.

LAZARILE

Mais si, comme il se peut, Messieurs vos Medecins
Vont toucher cette corde?

ELOMIRE

En ce cas, Lazarile,
Il faudra tout souffrir, quoy que fasse ma bile.

SCENE V

LE DRAGOMAN, ELOMIRE, LAZARILE

LE DRAGOMAN

Seigneur, tes Medecins sont là-bas.

ELOMIRE

Fay monter.

(Le Dragoman sort.)

LAZARILE, *ayant mis trois sieges aux costez d'Elomire*
Monsieur, contraignés-vous!

ELOMIRE

Je te vay contenter.

SCENE VI

ALCANDRE, GERASTE, EPISTENEZ, ELOMIRE, LAZARILE

ELOMIRE, *ayant fait asseoir les Medecins à ses costez*

Vostre gloire, Messieurs, doit estre sans seconde,
Qu'un homme tel que moy vienne du bout du monde,
Et mesme du plus beau de tous ses bouts divers,
Chercher ce qu'en vous seuls on trouve en l'Univers,
C'est à dire, un remede à des maux incurables.

ALCANDRE

Nous ne guerissons point, Seigneur, de maux semblables,

Et si les tiens sont tels, il n'estoit pas besoin
Que ta Hautesse vinst nous chercher de si loin.

ELOMIRE

Si je les nomme ainsi, c'est que je les mesure
Aux cuisantes douleurs que sans cesse j'endure;
Car en comparaison de ces vives douleurs,
Tous les maux des enfers ne sont rien que des fleurs.

GERASTE

Quels que soient ces grands maux, si l'Art et la Nature
Y peuvent quelque chose, on en verra la cure;
Car nous te pouvons dire icy, sans vanité,
Que tu vois en nous trois toute la Faculté,
C'est à dire, en un mot, tout le sçavoir du monde
Touchant nostre science et sublime et profonde.
Mais, Seigneur, je m'étonne, et non pas sans raison,
Qu'ayant esté nourry loin de nostre horison,
Tu nous parles François, et mieux qu'un François même.

ELOMIRE

J'en ferois tout autant si j'estois en Boëme,
En Pologne, en Suede, en Prusse, en Dannemarc,
A Venise, au milieu de la Place Saint Marc,
En Espagne, en Savoye, en Suisse, en Angleterre,
Enfin, dans tous les lieux qu'on habite sur terre.

ALCANDRE, *demy bas*

Voila de la monnoye à dupper bien des gens.

ELOMIRE, *bas à Lazarile*

Ils m'appellent trompeur.

LAZARILE, *bas à Elomire*

St! st!

ELOMIRE, *bas*

Ah! je t'entends.
(Haut)
Messieurs, revenons donc à nostre maladie.

ALCANDRE

Est-ce la lepre?

ELOMIRE

Non.

GERASTE

Quoy donc, l'epylepsie?
Ces maux-là sont communs, dit-on, dans le Levant.

ELOMIRE

Quelque communs qu'ils soient, j'en suis pourtant exent:
Grace au Ciel, je suis net, et jamais je ne tombe.

ALCANDRE

Dy-nous donc sous quel mal ta Hautesse succombe;
Car, excepté ceux-lá, je n'en connus jamais
Aucun qui meritast les plaintes que tu fais:
Car tous ces autres maux, comme goute et gravelle,
Nous les traitons icy de pure bagatelle;
Et si quelqu'un de nous ne les guerissoit pas
En moins de quatre jours, on n'en feroit nul cas.

ELOMIRE

Tous ces maux-là chez nous sont pourtant incurables.

ALCANDRE

Vraiment, vos Medecins sont donc bien peu capables,
Et j'avoüe à present que c'est avec raison
Que ta Hautesse cherche ailleurs sa guerison.

(Alcandre et Geraste prennent chacun un bras d'Elomire,
et luy tastent le poulx.)
Ça donc, un peu le bras; ce poulx n'est pas trop juste.
(Parlant à Geraste)
Monsieur, qu'en dites-vous?

GERASTE

La, la . . . .

ALCANDRE

D'un sang aduste
Proviennent quelquefois ces inégalitez;
Ne nous y trompons pas!

GERASTE

Ho, ho, Monsieur, tastez:
Cette inégalité paroist bien davantage.
(Elomire paslit de peur à ces mots.)

ALCANDRE

En effet, je la voy jusques sur son visage:
Il estoit tout à l'heure et vif et coloré,
Et je le voy tout pasle, et tout défiguré.

GERASTE

Ta Hautesse sent-elle au fond de ses entrailles
De nouvelles douleurs?

ELOMIRE, *interdit de peur*

Oüy . . . non . . .

GERASTE

Tu nous railles?

ELOMIRE

Non, je ne raille point.

ALCANDRE

Dy donc, que ressens-tu?
As-tu plus de douleurs, es-tu plus abattu?

ELOMIRE, *interdit de plus en plus*

Oüy ... non ... je ne sçay.

ERASTE, *à Alcandre*

Quelqu'accés qui redouble
Vient d'émouvoir sa bile, et c'est ce qui le trouble.

ELOMIRE, *tout transi de peur*

Ah! je me meurs!

ALCANDRE

Seigneur, parle donc, réponds-nous!

GERASTE

Courage, ce n'est rien; je retrouve son poulx.

ALCANDRE

En effet, je le sens, et fort ferme et fort juste;
Voyés mesme son teint, et comme il se rajuste.

ELOMIRE, *reprenant coeur à ces paroles*

Vous dites vray, Messieurs, je me porte bien mieux.

GERASTE, *à Alcandre*

Ce symptome dénotte un corps bien bilieux.

ALCANDRE, *à Geraste*

Vous croyez donc, Monsieur, qu'il vienne de la bile?

GERASTE

Ouy, vrayment, il en vient, et de la plus subtile.

ALCANDRE

S'il venoit de la bile, il auroit plus duré,
Et mesme son esprit se seroit égaré.

GERASTE

Ne l'a-t-il pas esté? Ces ouy ... non ....

ELOMIRE, *d'un ton menaçant*

Messieurs, tréve
D'égarement.

LAZARILE, *bas à Elomire*

St! st!

ELOMIRE, *bas à Lazarile*

Lazarile, je créve!
Ils m'ont fait tant de peur que j'ay pensé mourir,
Et me traitent de fou.

LAZARILE, *bas*

Songez à vous guerir;
Vous en pourrez un jour faire une Comedie.

ELOMIRE, *aux Medecins*

Ça, Messieurs, dites donc, quelle est ma maladie?
En sçavez-vous la cause?

ALCANDRE

On estoit sur ce point
Tout à l'heure.

ELOMIRE

Pourquoy n'y revenez-vous point?

ALCANDRE

Quand tu parles, Seigneur, c'est à nous à nous taire,
Et tu t'entretenois avec ton Secretaire.

ELOMIRE

Je ne luy parle plus à present.

GERASTE

               Donc, Seigneur,
Je disois que ton mal provenoit d'une humeur
Bilieuse; et Monsieur soustenoit le contraire
Quand pour ne t'interrompre, il a fallu nous taire.

ALCANDRE

Le contraire est aussi, ma foy, bien evident;
Car qui dit bilieux dit jaloux et mordant,
Et sa Hautesse n'est pourtant ny l'un ny l'autre

ELOMIRE

Ce sentiment est juste, et fort conforme au nostre.

GERASTE

Il ne l'est pas au mien; mais peut-estre, Seigneur,
N'aprouveras-tu pas une si libre humeur,
Auquel cas je me tais.

ELOMIRE

               Je me tairay moy-mesme,
Plutost que d'ignorer d'où vient mon mal extrême;
Car comme je recherche icy la verité,
Je veux que l'on me parle avec sincerité.

ALCANDRE

Ta Hautesse a raison, car qui veut qu'on le trompe,
Dit l'un de nos Autheurs, merite qu'on le rompe,
C'est à dire, qu'on laisse enraciner ses maux,
Jusqu'à pourir sa chair, et ses nerfs, et ses os.

ELOMIRE

Parlez donc librement, avec toute assurance
D'avoir, si je gueris, une ample recompense.

GERASTE

Je disois donc, Seigneur, et je te le redis,
Que tout ce qu'il allegue est contre mon advis.
Il dit, pour soustenir que ce n'est point la bile
Qui cause tous tes maux, en corrompant ton chile,
Que tu ne fus jamais médisant, ny jaloux:
Peut-on parler ainsi, sans estre au rang des foux?
Dites-moy, mon Confrere, en bonne conscience,
Avecques sa Hautesse avez-vous pris naissance?
Est-ce vous qui l'avez conduite jusqu'icy?
D'où la connoissez-vous, pour en parler ainsi?

ALCANDRE

O! la belle incartade, et la bonne asnerie!
Ne connoissons-nous rien par phisionomie?

GERASTE

Vraiment, si c'est par là que vous jugez des maux,
Et que vous les pensez, il est bien des lourdauts;
Car vous ne manquez pas, comme on sçait, de pratique.

ALCANDRE

Non, je n'en manque pas, et c'est ce qui vous pique
Volontiers.

GERASTE

      Nullement; mais, Monsieur, revenons,
Comme dit galamment Panurge, à nos moutons.

ELOMIRE

C'est bien dit; car déja j'estois las de querelle.

ALCANDRE

Ces petits differens ne viennent que du zele
Que nous avons, Seigneur, pour ceux que nous traitons.

ELOMIRE

Ce zele est indiscret, car tandis nous souffrons.

(S'adressant à Epistenez)

Mais vous, Monsieur, d'où vient un si profond silence?
Vous n'avez pas encor dit un mot.

EPISTENEZ

           Quand je pense
A tout ce que je voy sur ton visage écrit,
Un tel étonnement vient saisir mon esprit
Que j'en suis stupéfait.

ELOMIRE, *à Alcandre et à Geraste*

      Autre physionome?

ALCANDRE

Ouy, Seigneur, c'en est un, et des grands du Royaume;
Je croy qu'auprés de luy le Maltois ne sçait rien.

ELOMIRE

Le Maltois? Je me trompe, ou je le connoy bien.
Ouy, jadis j'en vis un qu'on nommoit de la sorte;
Mais celuy-là passoit pour grand fourbe à la Porte:
On nomme ainsi, Messieurs, la Cour du grand Seigneur.

ALCANDRE

Celuy dont nous parlons est fort homme d'honneur,
Fort sçavant, fort expert; mais Monsieur le surpasse.

ELOMIRE, *à Epistenez*

De grace, sçachons donc, Monsieur, ce qui se passe
Dans un si bel esprit, tandis que vos regards
Roulent tout égarez sur moy de toutes parts.

EPISTENEZ

Ah! s'il m'estoit permis, Seigneur, de te tout dire,
Tu guerirois d'un mal qui tous les jours empire.

ELOMIRE, *se levant brusquement, et*
les Medecins se levant aussi

De quel mal? Dites viste! Ah! si j'en puis guerir,
Vostre fortune est faite!

EPISTENEZ, *à part, mais un peu haut*

En deussé-je mourir,
Je m'en vay tout luy dire . . . Helas! que vais-je faire?
Qui dit vray chez les Grands, peut-il jamais leur plaire?

ELOMIRE

Oüy, vous me plairez; je vous . . . .

EPISTENEZ

N'en jure point;
D'autres que toy, Seigneurs, m'ont manqué sur ce point,
Qui ne me sembloient pas d'humeur plus inégale.

ELOMIRE

Quoy! vous traitez ainsi le grand Bassa Sigale?
Et ce grand rejeton du sang des Ottomans
Sera creu sans parole, ainsi que vos Normands?

EPISTENEZ

Tu me commandes donc, Seigneur, que je te die
Ce que de ta personne, et de ta maladie,
Les regles de mon Art me viennent d'expliquer?
Et tu promets de plus de ne t'en pas piquer?

ELOMIRE

Ouy, je vous le promets; et je jure, au contraire,
Que vous me fascheriez, si vous le vouliez taire.

EPISTENEZ

Sur ta parole donc, je te diray, Seigneur,
Pour montrer que mon Art n'est point an Art pipeur,

Et que sur luy tu peux fonder tes esperances
Touchant ta guerison, que vainement tu penses
Passer dans mon esprit pour ce Bassa fameux
Dont tu portes le nom.

ELOMIRE, *brusquement et haut*

Qui suis-je donc? Un gueux?

EPISTENEZ

Je voy qu'avec raison j'avois voulu me taire,
Car tu parles d'un ton qui n'est pas sans colere;
Demeurons-en donc là, c'est le plus assuré.

ELOMIRE

Non, Monsieur, je ne fus jamais plus moderé;
J'ay parlé d'un ton trop haut pour vos oreilles,
Je le rabaisseray.

EPISTENEZ

Tu dis tousjours merveilles,
Seigneur, mais . . . .

ELOMIRE

Point de mais; soit pour ou contre moy,
Parlez, j'écoute tout, j'en engage ma foy:
Et si vous me voyés dans la moindre colere,
Taisez-vous pour me perdre, et pour vous satisfaire.

EPISTENEZ

Je t'ay donc dit, Seigneur, que mon Art met au jour
Le tour ingenieux que tu fais à la Cour,
En t'y faisant passer pour le Bassa Sigale.

ELOMIRE

Qui suis-je donc au vrai?

Epistenez

            Ce point est un dédale,
Où, malgré tout mon art, je me trouve égaré;
Car apres qu'à loisir je t'ay consideré
Au front, aux yeux, au nez, à la barbe, à la bouche,
Et raisonné par tout, sur tout ce qui te touche,
Je voy bien que tu viens de ce riche pays
Où les Juifs ramassez demeurerent jadis.

Elomire, *bas à Lazarile*

Il dit vray, je suis né dedans la friperie,
Qu'autrement à Paris l'on nomme Juifverie.
Lazarile, cet homme est habile en son art.

    (Haut à Epistenez)

Poursuivez, s'il vous plaist.

Epistenez

            Mais aussi, d'autre part,
Quand j'observe ton air, ta demande et ta taille,
Je n'y trouve pour toy nule marque qui vaille,
Et n'estoit que ton front prend contr'eux ton party,
Je ne te croirois rien qu'un faquin travesty.
Mais d'un tel faquinisme, en vain je voy la marque;
Ce front que je te dis est el front d'un Monarque,
Et mon art est trompeur, ce que je ne croy pas,
Ou tu t'es veu naguere au rang des Potentats:
De ces diversitez ne sçachant point la cause,
Je n'en parleray point.

Elomire

Bon, parlons d'autre chose.

Epistenez

Te plaira-t'il, Seigneur, que ce soit de ton mal?

Elomire

C'est comme je l'entends, s'il vous plaist.

EPISTENEZ

L'animal,

Disent tous nos Autheurs, est sujet à cent choses;
Mais dans la brute seule on en connoist les causes:
Et la raison en est, disent ces grands Autheurs,
Qu'en la brute aucun mal ne vient que des humeurs.
Et comme ces humeurs sont toutes corporelles,
On connoist aisément ces causes par les selles;
Car ces corps, une fois l'un à l'autre attachez,
Ne se quittent jamais, sans s'estre entretachez.
C'est alors qu'entassant remede sur remede,
Un Medecin triomphe, et que le mal luy cede;
Car pour grand qu'il puisse estre, il en a le dessus,
Puisqu'*ablata causa, tollitur effectus.*
Mais dans l'homme, Seigneur, il en va d'autre sorte:
Les maux entrent chez luy par bien plus d'une porte,
Et ces portes estant differentes en tout,
Si l'on n'y prend bien garde, on n'en vient point à bout.
Je m'explique, et pour mieux faire entendre ces choses,
Je soûtiens qu'un seul mal a souvent plusieurs causes;
Par exemple, un poulmon respire un mauvais air,
Un air salpestrüeux, propre à former l'esclair;
Sans doute un tel poulmon, par telle nourriture,
Seroit en peu de temps reduit en pourriture,
Si, d'abord qu'on commence à s'en appercevoir,
Un sçavant Medecin qui fait bien son devoir
Ne luy changeoit cét air, le changeant de demeure.
Puisque c'est le secret pour guerir de bonne heure,
Personne ne sçauroit contester là-dessus,
Puisqu'*ablata causa, tollitur effectus.*
Mais si l'on joint à l'air qui ce poulmon entiche
Une seconde cause, en vain on le déniche,
Et l'on luy fait changer et d'air et de maison:
Si cette cause dure, il est sans guerison.
Par exemple, à Paris, l'air salé de nos boües,
Me piquant les poulmons, desja rougit mes joües;
Mais au lieu de choier mes poulmons entichez,
Ils deviennent, enfin, fletris et dessechez,

Par l'effort que sans cesse ils font sur un Theatre.
Lors j'ay beau changer d'air, pour y mettre une emplastre,
Mes poulmons entichez ne gueriront jamais,
Si je ne quitte aussi le mestier que je fais.
Mais si je quitte ensemble, et Ville et Comedie,
Je voy bien-tost la fin de cette maladie.
Personne ne sçauroit contester là-dessus,
Puisqu'*ablata causa, tollitur effectus.*
A ces causes, Seigneur, j'en peux joindre encore une,
Qui dans ce siecle-cy n'est que par trop commune;
Mais quand cette troisième est jointe aux autres deux,
On peut dire qu'un mal est des plus perilleux:
Par exemple, attaqué de cette maladie,
On augmente son mal, faisant la Comedie,
Parce que les poulmons trop souvent échauffez,
Ainsi que je l'ay dit, s'en trouvent dessechez.
Et l'on en peut guerir, pourveu que l'on s'abstienne
D'abord de Comedie, et de Comedienne.
Mais alors que ce mal dans un Comedien
Augmente jour et nuit, parce qu'il ne vaut rien,
Qu'il choque Dieux et gens dedans ses Comedies,
Le Ciel seul peut alors guerir ses maladies;
Et tous les Medecins de nostre Faculté
Ne luy sçauroient donner un seul brin de santé.
Ce que je te dis là, d'un bouffon de Theatre
Seigneur, n'est proprement qu'une image de plâtre
Que j'expose à tes yeux, afin de t'expliquer
Les principes des maux que tu peux t'apliquer.

ELOMIRE

Quand il me connoistroit, fidelle Lazarile,
Pouroit-il mieux parler?

LAZARILE, *bas à Elomire*

        Sans doute il est habile:
De pareils Medecins ne sont pas du commun.

EPISTENEZ

Par ce discours, Seigneur, te serois-je importun?

ELOMIRE

Au contraire, poussez, s'il vous plaist.

EPISTENEZ

De la Theze,
Puisque tu le permets, je viens à l'hipotheze;
Et je dis, ces Messieurs le diront du bonnet,
Qu'on ne te peut guerir, si tu ne parles net;
Ouy, si tu ne nous dis l'histoire de ta vie,
C'est en vain que tu veux contenter ton envie;
Au contraire, on pourra par un beau *quiproquo*
T'envoyer *ad patres*, Seigneur, *incognito*.

ELOMIRE, *en colere*

Je feray bien, sans vous, un si fascheux voyage;
N'en sçavez-vous pas plus?

ALCANDRE ET GERASTE, *ensemble*

Non.

ELOMIRE, *brusquement*

Pliez donc bagage,
Et viste; car de moy jamais vous ne sçaurez
Que ce que par vostre Art vous en devinerez.
Allez à la bonne heure, allez; mon Secretaire
Vous va faire à chacun donner vostre salaire.

(Les Medecins et Lazarile sortent, et Elomire

continuë, estant seul.)

Fut-il jamais malheur à mon malheur égal?
Quoy! je cherche, et je trouve un remede à mon mal;
On me l'offre, et je n'ay pour sortir de misere
Qu'à raconter ma vie, et je ne le puis faire.

(Lazarile rentre, et Elomire continuë.)

Ah! mon cher Lazarile, aproche, aproche-toy:
Vien partager mes maux, et les plaindre avec moy,
Puisque, pour mon malheur, je suis sans esperance
D'y trouver, de ma vie, aucune autre allegeance.

LAZARILE

Qui cause donc en vous un si grand desespoir?

ELOMIRE

Tu l'ignores, apres ce que tu viens de voir?

LAZARILE

J'ay fort peu de memoire, ou j'ay veu peu de chose
Qui d'un tel desespoir puisse estre ainsi la cause.

ELOMIRE

Quoy! tu n'as pas appris de ces trois Medecins,
Les plus doctes qui soient parmy ces assassins,
Qu'ils ne sçauroient guerir la moindre maladie,
Si le souffre-douleurs ne leur conte sa vie?

LAZARILE

Mais si je vous fais voir un autre Medecin,
Qui, sans que vous parliez, sans voir vostre bassin,
Sans vous taster le poulx, tout vostre mal dévine,
En voyant seulement un peu de vostre urine,
Et si ce Medecin vous guerit à l'instant,
Des remedes qu'il donne, en serez-vous content?

ELOMIRE

Quoy! par l'urine seule il devine les causes
Et les effets des maux?

LAZARILE

       Il faut bien d'autres choses.

ELOMIRE

Et comment donc s'appelle un homme si fameux?

LAZARILE

On le nommoit jadis le Medecin de Beux;

Mais depuis quelque temps sa haute renommée
L'a fait changer de nom, le changeant de contrée,
Et l'on nomme à present ce Medecin sçavant
Du bourg de Sennelay l'Esculape vivant

ELOMIRE

Quoy! de ce Sennelay, pour qui, sur nostre Seine,
Quatre bateaux couverts voguent chaque semaine?

LAZARILE

Ce Sennelay-là mesme, et ces batteaux couverts
Sont tout pleins chaque jour de remedes divers
Que ce grand Medecin envoye à ses malades,
Lorsque de leur urine il a veu des razades.

ELOMIRE

Allons donc, Lazarille, allons à Sennelay.

LAZARILE

Il est icy.

ELOMIRE

Luy-mesme?

LAZARILE

Oüy.

ELOMIRE

Mais, dis-tu vray?

LAZARILE

Il est si vray, Monsieur, qu'avant qu'il soit une heure,
Vous aurez le plaisir de le voir, ou je meure.
Quittons donc le turban, et, sous d'autres habits,
Allons voir promptement ce Rominagrobis.

FIN DU DEUXIEME ACTE

ACTE III

SCENE PREMIERE

(La Scene de cet Acte est dans une chambre, où Oronte, feint Medecin de Sennelay, est assis devant une table sur laquelle il y a six fioles plaines, chacune avec un écriteau, arrangées de suitte; et Climante, Clearque, Clarice, Lucinde, Alphée et Lucille, feints malades, sont assis sur des sieges un peu éloignez de la table.)

ORONTE, CLIMANTE, CLEARQUE, CLARICE, LUCINDE, ALPHEE, LUCILLE

ORONTE

Quoy! ce maistre moqueur qui n'épargnoit personne
Donne dans le panneau de la sorte?

CLIMANTE

                 Il y donne
Mille fois au-delà de ce que je vous dis;
Dom Guichot et Sancho furent moins foux jadis;
Et je croy que devant qu'en son bon sens il rentre,
Nous pourrons, sur ma foy, le dauber dos et ventre.
Nos Confreres déja l'ont berné comme il faut;
Battons le fer comme eux cependant qu'il est chaud.

ORONTE

Que chacun donc s'apreste à bien joüer son rolle

Si tost que Lazarile aura livré le drolle;
Il n'y manquera pas, puisqu'il nous l'a promis.
Les voicy justement; ils n'ont pas beaucoup mis.

SCENE II

ELOMIRE, LAZARILE *(tous deux vestus en Espagnols,
et se mettant à genoux devant Oronte, une fiole
à la main)*, ORONTE, CLIMANTE, CLEARQUE, CLARICE,
LUCINDE, ALPHEE, LUCILLE

ELOMIRE

Extirpateur des maux qui n'ont point de remede,
Souffrez qu'à vos genoux nous implorions vôtre aide,
Et ne permettez pas que, tombant par lambeaux,
Nous descendions tout vifs dans de tristes tombeaux.
Nous sommes estrangers, mais pourtant assez riches
Pour remplir vos desirs, fussiez-vous des plus chiches:
Car si vous nous pouvez exempter du trépas,
Nous vous donnons chacun un millier de ducats.

ORONTE

Si vous estiez François, vous sçauriez mon histoire,
Et par là vous sçauriez que mon but est la gloire;
Rengainez donc, Messieurs, vos milliers de ducats:
Je n'en feray pas moins pour ne les prendre pas.

ELOMIRE, *mettant la main à la poche, et faisant
semblant d'en vouloir tirer un sac d'argent*

Hé! de grace....

ORONTE, *prenant la fiole d'Elomire*

Non, non; donnés-moy vostre urine.

(En regardant la fiole)

La fiole est de jauge.

LAZARILE

            Elle tient bien chopine,
Et la mienne ne tient, sur ma foy, guere moins.
Je ne merite pas qu'elle occupe vos soins,
Mais puisque vous voulés....

       ORONTE, *mettant les fioles sur la table*

                 Il faut qu'elle repose;
Apres, de vos douleurs nous vous dirons la cause.
Cependant de ceux-cy voyons quels sont les maux

     (Oronte prend une des fioles en main, et continue.)

L'homme par la raison est Roy des animaux;
Mais dés qu'il luy resiste, ou qu'elle l'abandonne,
C'est un Roy dépouillé, sans Sceptre et sans Courounne;
Car en lâchant la bride à ses desirs brutaux,
Il devient le sujet de ses propres vassaux.
De cette verité j'ay veu beaucoup d'exemples;
Mais je n'en vis jamais à mon sens de plus amples
Que ceux que je remarque en ces urines-cy.
Vous en aurés l'esprit tout à l'heure éclaircy.
Climante.

     (Il dit ce nom lisant l'escriteau de la fiole.)

       Qui de vous porte ce nom?

CLIMANTE

                 Moy-mesme.

ORONTE

Escoutés le recit de vostre mal extréme;
Aprenés-en la cause, et benissez les Dieux
Qui m'ont de Sennelay fait venir en ces lieux.
Monsieur, vous vous croyez etique et pulmonique,
Mais vous vous abusez: vous estes frenetique;
Autrement hipocondre, et la cause, en un mot,
Vient de ce que j'ay dit.

       CLIMANTE, *brusquement*

         Quoy! je serois un sot?

ORONTE

Si vous aviés tousjours eu la raison pour guide,
Ou si vous n'aviés pas si fort lasché la bride
Aux desirs enragés de mordre Dieux et gens,
Vous ne vous verriés pas, au plus beau de vos ans,
Avec enfants et femme, et comblé de richesses,
Devoré nuit et jour par des mornes tristesses:
Car ces noires vapeurs qui vous troublent si fort
N'ont contre un innocent qu'un impuissant effort.
Je sçay bien, et cela sans doute est quelque chose,
Qu'acablé de l'effet, vous maudissez la cause,
Et que vous voudriez, repentant du passé,
Avoir esté sans vie, ou n'avoir point gaussé;
Mais comme le passé jamais ne se revoque,
D'un si vain repentir tout le monde se moque,
Et de tous les mortels que vous avez joüé,
Aucun n'est sans plaisir de vous voir baffoüé.
L'un, qui vous voit passer prés de luy dans la ruë,
Vous montre au doigt à l'autre, et cet autre vous huë;
Puis, toussant tour à tour, et sur differens tons,
Vous font tousser vous-mesme, et de tous vos poulmons;
Si vous les maudissez, ils vous traitent de mesme,
Dont le dépit vous cause une douleur extréme,
Et par cette douleur, sans un tres-prompt secours,
Vous allez voir dans peu le dernier de vos jours.
Voila, Monsieur, l'estat de vostre maladie;
Il ne tiendra qu'à vous que je n'y remedie:
Car je ne mets qu'au rang de mes moindres travaux
D'avoir cent et cent fois guery de pareils maux.

ELOMIRE, *à part*

Je croy que c'est de moy qu'il parle.

CLIMANTE, *s'estant jetté aux pieds d'Oronte*
                Grand Genie,
Qui par ma seule urine avez connu ma vie,
Qui par elle voyez jusqu'au fond de mon coeur,
Et qui par elle, enfin, connoissez ma douleur,

Vous voyez à vos pieds un impie, un infame,
Qui ne merite rien que le fer et la flâme;
Mais, de grace, grand Homme, imitez le Soleil;
Aussi bien, comme luy, vous estes sans pareil;
Et comme également il répand sa lumiere
Sur la pourpre et la bure, et l'or et la poussiere,
Agissant comme luy, répandez vos bontez
Sur moy, sans prendre garde à mes impietez.

ORONTE

Vous estes repentant, et fust-ce à la potence,
Quiconque devient tel recouvre l'innocence;
Aussi, soyez certain que quand vous seriez Roy,
Vous ne pourriez jamais plus attendre de moy.
Remettez-vous; tandis, voyons cette autre urine.
Clearque.

> *(Il lit ce nom sur la fiole qu'il prend, apres*
> *avoir remis l'autre.)*

CLEARQUE

C'est de moy, Monsieur.

ORONTE

A vostre mine,
Quand vous n'auriez rien dit, je l'aurois deviné;
Car je n'en vis jamais d'un plus determiné.
La cause de vos maux est certes differente,
En certaine façon, de celle de Climante;
Mais l'espece en estant pareille, leurs effets
Se ressemblent si fort que ce sont deux portraits
D'un mesme original, faits d'une main sçavante:
Climante est donc Clearque, et Clearque Climante:
Je veux dire, en un mot, et voicy mes témoins,

(Il montre la fiole de Clearque et cele de Climante.)

Que si Climante est fou, vous ne l'estes pas moins;
Ainsi, n'ayant qu'un mal, vous n'aurez qu'un remede;
Mais soyez assuré du succés.

CLEARQUE, *faisant une profonde reverence*

Dieu vous ayde.

ORONTE, *prenant une autre fiole, et lisant son écriteau*

Clarice?

CLARICE

C'est mon nom.

ORONTE

     Si vos yeux trop frippons
N'avoient pas attiré cet amas de garçons
Qui vous ont fait passer pour Reine des coquetes,
Vous ne vous verriez pas en l'estat où vous estes;
Mais quand on a blanchy sous ce honteux harnois,
On a tout le loisir de s'en mordre les doigts:
On en soûpire, on pleure, on en devient malade,
Ou si l'on ne lest pas, on se le persuade;
Mais dés-lors que l'on croit estre ce qu'on n'est pas,
On est folle, Clarice, et folle à maints carats;
Vous guerirez pourtant, et redeviendrez sage;
Mais, comme ces Messieurs, vous resterez en cage.

  (Il prend une autre fiole, et en lisant l'écriteau
     il dit tout haut:)
Lucinde?

LUCINDE

C'est de moy.

ORONTE

     La mort d'un jeune amant
Vous a fait perdre ensemble et joye et jugement;
Et c'est ce qui vous fait errer parmy le monde,
Sous l'habit et le nom de triste vagabonde;
Mais, allez, je réponds de vostre guerison,
Et vous recouvrerez la joye et la raison:
Ne le voulez-vous pas?

LUCINDE

Ouy, de grand coeur.

ORONTE, *prenant une autre fiole*

Alphée?

Ah! ma foy, nous tenons une folle fieffée:
C'est une precieuse.

ALPHEE

O Dieux! qui vous l'a dit?

ORONTE

Vostre urine, ma fille, et cela me suffit;
Car, grace au Ciel, je suis un peu naturaliste.

ALPHEE

Mais que ne dites-vous plutost ulinaliste;
Ce telme convient mieux à la sose.

ORONTE

Il est vray;
Et le monde m'appelle ainsi dans Sennelay;
Mais, de grace, depuis que l'illustre Elomire
A dépeint vostre engeance, et nous en a fait rire,
Depuis que son theatre a retenty des mots
Dont vous charmiez jadis les sottes et les sots,
Se peut-il que, passant pour folles enragées,
Vous ne vous soyez pas encore corrigées,
Et qu'il s'en trouve encor, aujourd'huy, parmy nous
Une qui devroit estre en l'hospital des foux?

ALPHEE

Quoy, Monsieul, ce bouffon, pal de sottes glimaces,
Dont il fait mal au coeul plus que sales limaces,
Palce qu'en les faisant il écume en velat,
Nous livlela chez vous poul folles au Calat?
Je m'estonnelois peu qu'un caque d'ignolance
Eust poul ce glimaciel paleille defelence;

Mais que de Sennelay le Medecin fameux
Donne dans le panneau, comme un petit molveux,
Qu'il estime un Autheul, qu'il le louë et l'admile,
Palce qu'en lecitant ses vels, il l'a fait lile
Pal des contolsions dignes d'un possedé,
Celtes, je suis à bout pal un tel plocedé;
Encol, s'il nous cachoit sous ces gestes clotesques
Quelques beaux tlaits d'esplit en paloles bullesques,
Aples qu'on auloit ly de ses contolsions,
Ses livles nous plailoient, lolsque nous les lilions;
Mais, de glace, Monsieul, quelle est la Comedie,
Encol qu'il n'en ait fait aucune où l'on ne die
Qu'il faut clevel de lile, où l'on puisse tlouvel
Le moindle tlait d'esplit que l'on doive admilel?
Pal exemple, ce *le* de l'*Escole des femmes,*
Ce *le,* qui fit tant lile, et qui chalma tant d'ames,
Ce *le,* qui mit cet homme au lang des beaux esplits,
L'avez-vous jamais pû lile dans ses éclits
Sans dégoust, sans chaglin, sans une holeul extléme,
Non plus que son *chat molt,* et sa *talte à la cléme?*
Cependant, dites-vous, pal de bonnes laisons,
Cet Autheul nous condamne aux Petites Maisons,
Et palce qu'il a dit que nous en estions dignes,
Vous nous mettez au lang des folles plus insignes.

ELOMIRE, *bas à Lazarile*

Ah! la meschante beste!

LAZARILE, *bas à Elomire*

          Elle a pourtant bien dit.

ELOMIRE, *bas*

Tres-mal; mais escoutons.

ORONTE

          Si je suis interdit
Jusqu'à ne pouvoir pas former une parole,
Ne vous estonnez pas, belle et fameuse folle;

J'en demeure d'accord, vous m'avez confondu.
En effet, qui croiroit qu'un esprit tout perdu
D'Histoires, de Romans, enfin qu'un hypocondre
Par ses raisonnemens auroit pû me confondre?
Pourtant vous l'avez fait; ouy, j'avouë avec vous
Qu'Elomire ne doit sa gloire qu'à des foux,
Et qu'un esprit bien fait, quel qu'il soit, dégenere
D'abord que ses écrits commencent à luy plaire.
Je demeure d'accord que, pour se réjoüir,
On le peut aller voir, et quo'n le peut oüir;
Mais il faut que celuy qui va voir Elomire
Le voye en fagotin, c'est à dire, pour rire.
Vos beaux raisonnemens n'empéchent pourtant pas
Qu'aux Petites Maisons vous n'alliez à grands pas;
Elomire a son foible, et vous avez le vostre:
Mais je vous gueriray. Voyons un peu cette autre.

ELOMIRE, *bas, tandis qu'Oronte prend une autre fiole*

Lazarile, quel homme!

LAZARILE, *bas*

Escoutez jusqu'au bout.

ORONTE, *lisant l'écriteau de la fiole qu'il tient*

Lucille, voulez-vous que je vous dise tout?

LUCILLE

Non, Monsieur, vous voyez assez par mon urine
Que je ne suis pas moins folle que ma voisine.
Traitez-moy, s'il vous plaist, de mesme.

ORONTE

Je le veux.

ELOMIRE, *bas à Lazarile, tandis qu'Oronte prend sa fiole*

Lazarile, je suis au comble de mes voeux:
C'est mon tour à glisser.

ORONTE, *lisant le nom écrit sur la fiole d'Elomire*

Dom Guzman d'Alicante.
Vous mentez; cette urine est encor de Climante.

ELOMIRE

Foy d'Espagnol malade, elle est mienne.

ORONTE

Tant pis.

ELOMIRE

Pourquoy, tant pis?

ORONTE

Pourquoy? Parce que je le dis.
Encor un coup, tant pis, vous dis-je.

ELOMIRE

Mais, de grace,
A ce fascheux tant pis, que faut-il que je fasse?

ORONTE

Ignorez-vous, Monsieur, ce que Climante a fait,
Quand à mes pieds il a confessé son forfait
Et témoigné tout haut son repentir extréme?

ELOMIRE, *se levant, et se jettant aux pieds d'Oronte*

Ah! de grace, Monsieur, traitez-moi de même,
Et puisque comme luy j'en suis au repentir,
Veuillez-moy comme à luy vos bontez départir!

ORONTE

Ce juste repentir qu'exprime vostre bouche,
A vous dire le vray, si vivement me touche
Que je jure ma foy qu'avant qu'il soit deux jours
Vous verrez comme luy l'effet de mon secours.
Mais parlons de cet autre.

(Il prend la fiole de Lazarile, et lit.)

Alphonse de la Rote:

Homme ne merita jamais mieux la Marote;
Parce qu'il croit que l'un de ses amis est fou,
Et qu'il veut l'empécher de courre en loup-garou,
Sa guerison luy tient tellement dans la teste
Qu'il en est hypocondre, et plus que demy beste.
Il merite pourtant que j'aye soin de luy;
Car un amy si tendre est fort rare aujourd'huy.

ELOMIRE, bas à Lazarile

Quel homme, cher amy! Quoy! par la seule urine
Il n'est rien qu'il ne sçache, et rien qu'il ne devine!

LAZARILE, bas

Je vous l'avois bien dit.

ORONTE

Je connois donc vos maux,

Ou, pour mieux m'expliquer, vos fantasques cerveaux;
Car je n'en voy pas un dedans cette assemblée
Qui ne se portast bien sans sa teste feslée.
Nous n'avons donc icy qu'à guerir ces cerveaux,
Puisqu'en eux seulement resident tous vos maux;
Et comme le plus grand est la melancolie,
Dans laquelle vostre ame est presque ensevelie,
Je la veux réveiller en vous divertissant,
Et dissiper par là cet air assoupissant.
J'ay fait venir icy d'un certain vin de Beaune,
Pour qui j'acheterois un gosier long d'une aulne:
Car tandis qu'on l'avalle, on sent un tel plaisir
Qu'on voudroit qu'il durât jusqu'au dernier soûpir;
D'une agreable odeur, qui n'a point de pareille,
Il vous charme d'abord qu'il sort de la bouteille;
Et le vif incarnat, dont il frape les yeux,
N'a pas un moindre éclat que le rouge des Cieux.
Son esprit, qui petille en tombant dans le verre,
Forme mille rubis, dont le petit tonnerre,

S'accordant au glou-glou de ce jus precieux,
Charme l'oreille apres qu'il a ravy les yeux.
Ce vin que je vous dis est le premier remede
Que je veux appliquer au mal qui vous possede;
Car vos maux tout d'abord s'en trouvant adoucis,
Vous verrez dissiper tous ces fascheux soucis
Qui fomentent en vous l'humeur melancolique.
Nous joindrons à ce vin tant soit peu de musique,
Un peu de symphonie, et par ces doux accords
Je changeray d'abord vos esprits et vos corps.
Mon deuxiéme remede est une Comedie,
Propre comme ce vin à vostre maladie;
Je vous la feray voir d'où je vay vous traiter:
On dit qu'elle est divine, et je n'en puis douter,
Car l'Autheur est illustre, et l'histoire si belle
Que les siecles passez n'en ont point veu de telle.
Et ce qui doit encore augmenter ce regal,
C'est qu'il sera suivy d'un magnifique bal,
Où nous irons masquez. C'est ce que je prepare
Pour premier appareil.

ELOMIRE, *bas*

Que ce remede est rare,
Lazarile, et, surtout, qu'il est doux et charmant!

ORONTE

Passons donc, pour cela, dans cet apartement.

FIN DU TROISIEME ACTE

ACTE IV

SCENE PREMIERE

(A cette Scene, le Theatre paroist comme il est lorsqu'on est prest de commencer la Comedie, la toile n'estant pas encore tirée; et d'un costé il y a une façon de loge dans laquelle sont les Acteurs de cette Scene, pour voir la Comedie.)

ELOMIRE, LAZARILE, ORONTE, CLIMANTE, CLEARQUE, CLARICE, LUCINDE, ALPHEE, LUCILLE

ORONTE

Dés qu'on aura tiré cette tapisserie
Sans peine vous verrez d'icy la Comedie.
Cependant, nul de vous ne se porte-t'il mieux?

ELOMIRE

Vostre Regal, Monsieur, m'a rendu si joyeux,
Et je me sens déja si propre à ce remede,
Que je ne doute point que mon mal ne luy cede.

CLIMANTE

Nos visages, Monsieur, vous en disent autant,
Car je n'en voy pas un qui ne soit tres-content.

(Dans ce temps-là, on tire la toile, et l'on voit une Salle, dans laquelle il y a un Theatre et une Compagnie pour voir joüer la Comedie, et les Violons commencent à joüer; ce qui interrompt cette premiere Scene.)

ORONTE

Bon, l'on ouvre; voyez la belle Compagnie.

ELOMIRE, *à Oronte, un peu bas*

Quel titre donne-t'on à cette Comedie?

ORONTE

Le Divorce Comique.

ELOMIRE

Il est bon et nouveau.

ORONTE

Silence, et vous verrez quelque chose de beau.

(*Les Violons cessent, et on commence la Comedie qui suit.*)

DIVORCE COMIQUE
Comedie en comedie

*La Scene est dans la Salle de Comedie du
Palais-Royal*

ACTE PREMIER ET DERNIER

SCENE PREMIERE

FLORIMONT, ROSIDOR

FLORIMONT

Ouy, je l'ay resolu, je vais quitter la trouppe;
Tu me diras en vain qu'elle a le vent en pouppe,
Qu'elle seule a la vogue, et que, dedans Paris,
Pour toute autre aujourd'huy l'on n'a que du mépris.
Cét honneur qu'on luy fait, mais dont elle est indigne,
Passe dans mon esprit pour un affront insigne;
Aussi, loin de souffrir un encens si peu dû,
Comme on me l'a donné, je l'ay toûjours rendu.
Ne t'en flatte donc point, mais si tu m'en veux croire,
Ferme l'oeil à l'éclat d'une si fausse gloire;
Et pour trouver la vraye, allons, allons ailleurs
Chercher des Compagnons et des destins meilleurs.

ROSIDOR

A te dire le vray, je m'estonne moy-mesme
Du merveilleux éclat de ce bon-heur extréme;
Car, enfin, comme toy, je connois nos deffauts.

Mais qu'importe? le nombre authorise les sots,
Et quiconque leur plaist ne doit point estre en peine
Des deffauts des Acteurs, ny de ceux de la Scene.
La foulle suit toûjours leur aplaudissement,
Et quiconque a la foulle a la gloire aisément.
Je sçay bien que tu dis que cette gloire est fausse,
Qu'il la faut mépriser; mais, pour moy, je m'en gausse;
Ma veritable gloire est où j'ay du profit:
J'en ay dans cette Troupe, et cela me suffit.

FLORIMONT

Et cela te suffit? Ah! peux-tu bien, sans honte,
Dire que de l'honneur tu fais si peu de compte?

ROSIDOR

En faire moins de cas que du moindre interest
N'est qu'agir à la mode.

FLORIMONT

        Et la mode t'en plaist?

ROSIDOR

Puisqu'elle est aujourd'huy la regle de la vie,
Je ne rougiray point quand je l'auray suivie.

FLORIMONT

La regle de la vie? et qu'est donc la raison?

ROSIDOR

La raison ny l'honneur ne sont plus de saison,
Et bannis pour jamais de la terre où nous sommes;
L'interest en leur place y gouverne les hommes.
C'est luy seul qui les regle, et luy seul qui fait tout,
Et qui meut l'Univers de l'un à l'autre bout;
Mais quand de cét honneur on feroit quelque compte,
Faut-il, pour en manquer, que je meure de honte?
Et la profession dont nous sommes tous deux
Ne permet-elle pas d'estre moins scrupuleux?

FLORIMONT

Je l'avoüe entre nous, autrefois le Theatre
Voyoit traiter d'égaux l'Acteur et l'Idolatre;
Et l'un et l'autre, alors l'oprobre des mortels,
Estoit hay du peuple, et banny des Autels.
Mais depuis qu'un Heros, dont nostre Histoire est plaine,
A purgé le Theatre et corrigé la Scene, *
Depuis qu'il a chassé les infames Farceurs,
Nos plus grands ennemis sont nos adorateurs:
Tout le monde à l'envy nous caresse et nous loüe,
Et nous sommes tout d'or, nous qui n'estions que boüe.
Mais helas! je crains fort que d'un revers fatal
Nous ne tombions bien-tost dans nostre premier mal.
Et que, par le progrez des Pieces d'Elomire,
Nous n'éprouvions encor quelque chose de pire.

ROSIDOR

Il est vray qu'Elomire a de certains apas,
Dans les Farces qu'il fait, que les autres n'ont pas.

FLORIMONT

Et c'est de ces apas de qui nous devons craindre
Ce mal dont par avance on me voit déja plaindre;
Car, pour peu que le peuple en soit encor seduit,
Aux Farces pour jamais le Theatre est reduit.
Ces Merveilles du temps, ces Pieces sans pareilles,
Ces charmes de l'esprit, des yeux et des oreilles,
Ces Vers pompeux et forts, ces grands raisonnements,
Qu'on n'escoute jamais sans des ravissemens,
Ces Chefs-d'œuvres de l'Art, ces grandes Tragedies,
Par ce Bouffon Celebre en vont estre bannies,
Et nous, bien-tost reduits à vivre en Tabarins,
Allons redevenir l'oprobre des humains.
La peur de retomber dans ce mal-heur infame
Ne sçauroit sans horreur se monstrer à mon ame;

---

* *C'est Monsieur le Cardinal de Richelieu*

Et tout autant de fois qu'elle attaque mon coeur,
Malgré toute sa force, elle s'en rend vainqueur.

ROSIDOR

Quoyqu'en quelque façon ta peur soit legitime,
Faire rire pourtant n'est pas un si grand crime,
Et j'en connois beaucoup parmy nos Courtisans
Qui seroient peu prisez s'ils n'estoient fort plaisans.
Aussi, loin qu'en cela je condamne Elomire,
Avec beaucoup de gens je l'estime et l'admire;
Mais l'insolent orgueüil de cét esprit altier,
Ses mépris pour tous ceux qui sont de son mestier,
Et l'air dont il nous traite à present qu'il compose
Fait que chacun de nous le censure et le gloze;
Et ce maistre maroufle en est en tel couroux
Qu'à peine peut-il plus souffrir aucun de nous.

FLORIMONT

Comme je hay sa Farce et son Tabarinage,
Il ne me parle plus qu'il ne me fasse outrage;
Mais pourveu qu'il reglast son style de Farceur,
Qu'il n'y mélast plus rien qui fust contre l'honneur,
Je luy pardonnerois volontiers ses caprices.
Mais je ne veux plus estre accusé pour ses vices;
Le scandale qu'ils font est desormais trop grand,
Et quiconque le suit en doit estre garand.
Enfin, c'est aujourd'huy qu'il faut qu'il se declare.
Il changera ce style, ou chacun se separe:
La pluspart de la troupe est de mon sentiment,
Et nous nous assemblons pour cela seulement.
Mais je le voy paroistre avec nos Camarades;
Préparons-nous d'oüir de plaisantes bravades.

SCENE II

ELOMIRE, ANGELIQUE, PLUSIEURS AUTRES COMEDIENS ET
COMEDIENNES, UN VALET, FLORIMONT, ROSIDOR

ELOMIRE, *se faisant apporter un siege et s'asseyant*

Un siege, et qu'on m'escoute; on sçait que je suis pront.

ANGELIQUE

Ne faut-il point aussi vous regarder au front,
Et de mesme qu'Agnés, faire la reverence?

ELOMIRE

Tréve de raillerie, et qu'on fasse silence!

FLORIMONT

Autrement?

ELOMIRE

Autrement, quelqu'un en pâtira.

ROSIDOR, *bas à Florimont*

Le plaisant Fagotin!

FLORIMONT, *bas à Rosidor*

Voyons ce qu'il dira:
De l'humeur qu'il paroist, j'en attens des merveilles.

ROSIDOR, *à Elomire*

Que ne parlez-vous donc? Nous ouvrons les oreilles.

ELOMIRE, *faisant apporter des sieges*

Seiez-vous.

FLORIMONT, *bas*

Qu'il est fat!

ELOMIRE

Le divin Salomon,
Dont l'esprit fut plus grand que celuy du demon,
Ce sçavant qui sceut tout, jusqu'aux vertus des herbes,
Ne fut jamais plus vray qu'en l'un de ses Proverbes,
Qui dit qu'il vaudroit mieux qu'une Cité perist
Que de voir sur la terre un gueux qui s'enrichist.
O divine parole! admirable sentence,
Dont moy-mesme aujourd'huy je fais l'experience,
Puisqu'aprés que mes soins ont revestu des gueux,
Je me vois mépriser et gourmander par eux.
C'est vous, ô Champignons, élevez sur ma couche,
Vous pour qui j'ay tiré jusqu'au pain de ma bouche,
Vous pour qui j'ay veillé tant de jours et de nuits,
C'est vous, ingrats, c'est vous qui me comblez d'ennuis,
Et qui me faites voir, d'une insulte superbe,
L'infaillibilité de ce divin Proverbe.
Rougissez, rougissez, ingrats, de tant de biens
Dont je vous ay comblés, mesme aux despens des miens.
Mais pour tant de bienfaits vous estes sans memoire;
Il faut pour vous confondre en dire icy l'histoire.

FLORIMONT

Escoutons.

ELOMIRE

En quarante, ou quelque peu devant,
Je sortis du College, et j'en sortis sçavant.
Puis, venu d'Orleans où je pris mes licences,
Je me fis Advocat, au retour des vacances.
Je suivis le Barreau pendant cinq ou six mois,
Où j'apris à plein-fonds l'Ordonnance et les Loix.
Mais quelque temps apres, me voyant sans pratique,
Je quittay là Cujas, et je luy fis la nique.

Me voyant sans employ, je songe où je pouvois
Bien servir mon pays des talens que j'avois;
Mais ne voyant point où, que dans la Comedie,
Pour qui je me sentois un merveilleux genie,
Je formay le dessein de faire en ce mestier
Ce qu'on n'avoit point veu depuis un siecle entier;
C'est à dire, en un mot, ces fameuses merveilles
Dont je charme aujourd'huy les yeux et les oreilles.

ROSIDOR, *bas à Florimont*

Ne t'estonnes-tu point qu'il n'ait dit les esprits?

FLORIMONT, *bas à Rosidor*

Il se seroit trompé plus de moitié du prix.

ELOMIRE, *à Florimont et à Rosidor*

Que marmotés-vous là?

FLORIMONT

Rien du tout.

ELOMIRE

Qu'on m'escoute!
Ayant donc resolu de suivre cette route,
Je cherchay des Acteurs qui fussent comme moy,
Capables d'exceller dans un si grand employ;
Mais me voyant sifflé par les gens de merite,
Et ne pouvant former une Troupe d'élite,
Je me vis obligé de prendre un tas de gueux,
Dont le mieux fait estoit begue, borgne ou boiteux.
Pour des femmes, j'eusse eu les plus belles du monde;
Mais le mesme refus de la brune et la blonde
Me jetta sur la rousse, où, malgré le gousset,
Grace aux poudres d'alun, je me vis satisfait.

ROSIDOR, *bas à Angelique*

Angelique, il t'en veut.

ANGELIQUE, *bas à Rosidor*

J'en ignore la cause.

ELOMIRE, *en colere*

Quoy! malgré ma défence, incessamment on cause?

ANGELIQUE, *à Elomire*

Je me tais; mais tantost....

ELOMIRE

                Bien, tantost nous verrons;
Cependant, taisez-vous, lorsque nous parlerons.
Donc, ma troupe ainsi faite, on me vit à la teste;
Et, si je m'en souviens, ce fut un jour de feste;
Car jamais le parterre, avec tous ses échos,
Ne fit plus de *ah! ah!* ny plus mal à propos.
Les jours suivans n'estant ny festes ny Dimanches,
L'argent de nos goussets ne blessa point nos hanches;
Car alors, excepté les exempts de payer,
Les parens de la Troupe, et quelque batelier,
Nul animal vivant n'entra dans nostre Salle;
Donc, comme vous sçavés, chacun troussa sa malle.
N'accusant que le lieu d'un si fascheux destin,
Du Port saint Paul je passe au Faux-bourg saint Germain.
Mais, comme même effet suit tousjours même cause,
J'y vantay vainement nos vers et nostre prose:
L'on nous siffla d'abord, et, malgré mon caquet,
Il fallut derechef trousser nostre paquet.
Piqué de cet affront, dont s'échauffa ma bile,
Nous prismes la campagne, où la petite ville,
Admirant les talens de mon petit troupeau,
Protesta mille fois que rien n'estoit plus beau;
Surtout, quand sur la Scene on voyoit mon visage,
Les signes d'allegresse alloient jusqu'à la rage;
Car ces Provinciaux, par leurs cris redoublés
Et leurs contorsions, paroissoient tout troublés.
Dieu sçait si, me voyant ainsi le vent en pouppe,

Je devois estre gay, mais le soin de la souppe,
Dont il falloit remplir vos ventres et le mien,
Ce soin, vous le sçavez, helas! l'empéchoit bien:
Car, ne prenant alors que cinq sols par personne,
Nous recevions si peu qu'encore je m'estonne
Que mon petit gousset, avec mes petits soins,
Ayent pû si long-temps suffire à nos besoins.
Enfin, dix ans entiers coulerent de la sorte,
Mais au bout de ce temps la troupe fut si forte
Qu'avec raison je creus pouvoir dedans Paris
Me venger hautement de ses sanglans mépris.
Nous y revinsmes donc, seurs d'y faire merveille,
Aprés avoir apris l'un et l'autre Corneille:
Et tel estoit déja le bruit de mon renom
Qu'on nous donna d'abord la salle de Bourbon.
Là, par *Heraclius* nous ouvrons un Theatre,
Où je croy tout charmer et tout rendre idolatre;
Mais, helas! qui l'eust creu? par un contraire effet,
Loin que tout fust charmé, tout fut mal satisfait;
Et par ce coup d'essay, que je croyois de maistre,
Je me vis en estat de n'oser plus paroistre.
Je prends coeur, toutefois, et, d'un air glorieux,
J'affiche, je harangue, et fais tout de mon mieux;
Mais inutilement je tentay la fortune:
Apres *Heraclius,* on siffla *Rodogune*;
Cinna le fut de mesme, et le *Cid* tout charmant
Receut avec *Pompée* un pareil traitement.
Dans ce sensible affront, ne sçachant où m'en prendre,
Je me vis mille fois sur le point de me pendre;
Mais d'un coup d'étourdy que causa mon transport,
Où je devois perir, je rencontray le port:
Je veux dire qu'au lieu des pieces de Corneille,
Je joüay l'*Etourdy*, qui fut une merveille;
Car à peine on m'eut veu la hallebarde au poing,
A peine on eut oüy mon plaisant barragoüin,
Veu mon habit, ma toque, et ma barbe et ma fraise,
Que tous les spectateurs furent transportez d'aise,
Et qu'on vid sur leurs fronts s'effacer ces froideurs
Qui nous avoient causé tant et tant de malheurs.

Du Parterre au Theatre, et du Theatre aux Loges,
La voix de cent échos fait cent fois mes éloges;
Et cette mesme voix demande incessamment,
Pendant trois mois entiers, ce divertissement.
Nous le donnons autant, et sans qu'on s'en rebute,
Et sans que cette piece aproche de sa cheute.
Mon *Dépit amoureux* suivit ce frere aisné,
Et ce charmant cadet fut aussi fortuné:
Car quand du Gros René l'on aperceut la taille,
Quand on vid sa dondon rompre avec luy la paille,
Quand on m'eut veu sonner mes grelots de mulets,
Mon begue dédaigneux déchirer ses poulets,
Et remener chés soy la belle desolée,
Ce ne fut que *ah! ah!* dans toute l'assemblée,
Et de tous les costés chacun cria tout haut:
C'est là faire et joüer des pieces comme il faut!
Le succés glorieux de ces deux grands Ouvrages,
Qui m'avoient mis au port, apres tant de naufrages,
Me mit le coeur au ventre, et je fis un *Cocu*,
Dont, si j'avois voulu, j'aurois pris un écu:
Je veux dire un écu par personne au Parterre,
Tant j'avois trouvé l'art de gagner et de plaire.
Que vous dirais-je, enfin? le reste est tout constant:
Dix pieces, ouy, morbleu! dix pieces, tout autant,
Ont, depuis ce temps-là, sorty de ma cervelle,
Mais dix pieces, morbleu! de plus belle en plus belle:
De sorte qu'à present, si je n'en suis l'Autheur,
Quelque piece qu'on joüe, on en a mal au coeur;
Et fust-elle joüée à l'Hostel de Bourgogne,
L'Autheur n'en est qu'un fat, et l'Acteur qu'un yvrogne.
Que d'honneurs, Compagnons, apres tant de mépris!
Qui de vous avec moy n'en seroit pas surpris?
Mais qui ne le seroit encore davantage
De voir qu'en moins de rien des gueux à triple étage,
Des caimans vagabonds, morts-de-faim, demi-nuds,
Soient devenus si gros, si gras, et si dodus,
Et soient si bien vestus des pieds jusques au crane,
Que le moindre de vous porte à present la panne?
Vous me devez ces biens, ingrats, dénaturés:

Mon esprit et mes soins vous les ont procurés,
Et lâches, toutefois, loin de le reconnoistre,
En valets revoltés vous traités vostre Maistre;
Vous le voulés contraindre à suivre vos advis,
Et vous ne seriés plus, s'il les avoit suivis.
Répondés maintenant, répondés, frippe-sausse:
L'histoire que je conte, est-elle vraye ou fausse?
N'entreprenés-vous pas de me donner la loy?
Et de vous, toutefois, qui se peut plaindre?

TOUTE LA TROUPPE, *ensemble, et fort haut*

Moy!

ELOMIRE, *en bouchant ses oreilles*

Ah! pour un Dom Japhet ils me prennent sans doute;
Mais qu'on parle autrement, si l'on veut que j'écoute:
Bas, et l'un apres l'autre, ou . . . .

TOUTE LA TROUPPE, *ensemble, et fort haut*

Qui commencera?

ELOMIRE, *en colere*

Le diable, si l'on veut; ouy, parle qui voudra.

TOUTE LA TROUPPE, *ensemble, et fort haut*

Donc . . . .

ELOMIRE, *interrompant, et se bouchant derechef les oreilles*

Donc, me voila sourd; hé! de grace, Angelique,
Parle. Aussi bien j'ay dit quelque mot qui te pique.

ANGELIQUE

Ouy, ouy, je suis piquée, et c'est avec raison,
Non pas, comme tu crois, pour cette exhalaison
Dont ta langue m'accuse avec tant d'insolence;
Car tu ments, et ce mot suffit pour ma défence;
Mais ce qui m'a piquée, et qui me pique au vif,

C'est de voir que le fils ... je ne dis pas d'un Juif,
Quoyque Juif et Fripier soit quasi mesme chose,
C'est, dis-je, qu'un tel fat nous censure et nous glose,
Nous traite de canaille, et principalement
Mes freres, qui l'ont fait ce qu'il est maintenant:
J'entens Comedien, dont il tire la gloire
Qu'il nous vient d'étaler, racontant son histoire.

ELOMIRE

Tes freres? Qui, ce begue, et ce borgne boiteux?

ANGELIQUE

Eux-mesmes, ouy, marouffle, eux-mesmes, ce sont eux;
Mais les ingrats, dis-tu, n'ont jamais de memoire;
Il faut, pour te confondre, en dire icy l'histoire.
En quarante, ou fort peu de temps auparavant,
Il sortit du College, asne comme devant;
Mais son pere ayant sçeu que, moyennant finance,
Dans Orleans un asne obtenoit sa licence,
Il y mena le sien, c'est à dire ce fieux
Que vous voyés icy, ce rogue audacieux.
Il l'endoctora donc, moyennant sa pecune,
Et croyant qu'au Barreau ce fils feroit fortune,
Il le fit Advocat, ainsi qu'il vous a dit,
Et le para d'habits qu'il fit faire à credit;
Mais, de grace, admirez l'étrange ingratitude!
Au lieu de se donner tout à fait à l'étude,
Pour plaire à ce bon pere et plaider doctement,
Il ne fut au Palais qu'une fois seulement.
Cependant, sçavez-vous ce que faisoit le drolle?
Chez deux grands Charlatans il aprenoit un rolle,
Chez ces Originaux, l'Orvietan et Bary,
Dont le fat se croyoit déja le favory.

ELOMIRE

Pour l'Orvietan, d'acord, mais pour Bary, je nie
D'avoir jamais brigué place en sa compagnie.

ANGELIQUE

Tu briguas chez Bary le quatriéme employ;
Bary t'en refusa; tu t'en plaignis à moy;
Et je me souviens bien qu'en ce temps-là mes freres
T'en gaussoient, t'appellant le mangeur de viperes.
Car tu fus si privé de sens et de raison,
Et si persuadé de son contre-poison,
Que tu t'offris à luy pour faire ses épreuves,
Quoyqu'en nostre quartier nous connussions les veuves
De six fameux bouffons crevez dans cét employ.
Ce fut là que chez nous on eut pitié de toy;
Car mes freres, voulans prevenir ta folie,
Dirent qu'il nous falloit faire la Comedie;
Et tu fus si ravy d'esperer cét honneur,
Où, comme tu disois, gisoit tout ton bonheur,
Qu'en ce premier transport de ton ame ravie,
Tu les nommas cent fois tont salut et ta vie.
Toutefois, double ingrat, aux dépens de ta foy,
Tu n'as que des mépris et pour eux et pour moy,
Et parce que tu crois avoir le vent en pouppe,
Tu traites de hauteur et nous et nostre Trouppe.

ELOMIRE

Pourquoy non? suis-je pas le maistre de vous tous?

TOUTE LA TROUPPE, *ensemble, et haut*

Le maistre, double fat, en est-il parmy nous?

ELOMIRE

Ah! vous recommencez à brailler tous ensemble?

FLORIMONT

Camarades, songeons à ce qui nous assemble,
Et quittant la querelle, et l'injure et le bruit,
Laissez-moy chapitrer Elomire avec fruit.
Aprends, de grace, aprends que ce n'est point l'envie
Qui nous fait censurer tes pieces et ta vie,

Elomire, et sois seur que nostre unique but
Est nostre propre honneur, et ton propre salut.

ELOMIRE

Mon salut? Je suis donc dans un peril extréme?

FLORIMONT

Oüy, grace aux salletez de ta *tarte à la crême*,
Grace à ton *Imposteur*, dont les impietez
T'aprestent des fagots déja de tous costez.

ELOMIRE

Hé! ce sont des cotrets.

FLORIMONT

             Tréve de raillerie;
Le cotret pourroit bien estre de la partie:
Mille gens de la Cour que tu joües . . . .

ELOMIRE, *d'un air méprisant et branlant la teste*

                 Ces gens . . . .

FLORIMONT

Ces gens ont les bras longs, et les coups fort pesans.
Gardes de les sentir. Mais sans plus m'interompre,
Sçaches que tout à l'heure il faut changer ou rompre.
Banny donc du Theatre et ta Prose et tes Vers,
Ou t'aprestes tout seul à ces justes revers.

ELOMIRE

Mais apres, que joüer? les Pieces de Corneille?
Tu sçais qu'on nous y sifle, y fissions-nous merveille.

FLORIMONT

Merveille, justes Dieux! en fismes-nous jamais?
Et comment le pouvoir, aux rolles que tu fais?

ELOMIRE

Je fais le premier rolle, et le fais d'importance,
Quelque sujet qu'il traite.

FLORIMONT

As-tu cette creance?
Et ton orgüeil peut-il t'aveugler à ce point,
Que de faire si mal, et de ne le voir point?
Quoy! dans le serieux tu crois faire merveilles?

ELOMIRE

Quoy! tu peux démentir tes yeux et tes oreilles?

FLORIMONT

T'en veux-tu rapporter à tes meilleurs amis?

ELOMIRE

D'acord.

SCENE III

LE PORTIER DES COMEDIENS, ELOMIRE, ANGELIQUE, PLUSIEURS
AUTRES COMEDIENS ET COMEDIENNES, LE VALET,
FLORIMONT, ROSIDOR

LE PORTIER

Le Chevalier, le Comte et le Marquis
Sont là-bas.

ELOMIRE

Qui dis-tu?

LE PORTIER

Ces trois Messieurs sans queuë,
Dont les couleurs des gens sont feüille-morte et bleuë.

ELOMIRE

Ah! je sçay. Fais monter.

(Le Portier s'en va, et Elomire continuë parlant à Florimont.)

Ce sont des connesseux,
Surtout le Chevalier.

FLORIMONT

Eh bien, si tu le veux,
Ils pourront sur le champ vuider nostre querelle.

ELOMIRE

J'y consens; et je sois berné, si j'en appelle!

SCENE QUATRIESME ET DERNIERE

LE CHEVALIER, LE COMTE, LE MARQUIS, ELOMIRE, ANGELIQUE
PLUSIEURS AUTRES COMEDIENS ET COMEDIENES,
LE VALET, FLORIMONT, ROSIDOR

ELOMIRE

Vous ne pouviez jamais venir plus à propos,
Pour nous servir d'amis, et nous mettre en repos;
Sans vous, nous estions prests de rompre nostre Trouppe.

LE CHEVALIER

La rompre dans un temps qu'elle a le vent en pouppe,
Ce seroit, ce me semble, assez mal adviser;
Mais d'où vient ce divorce?

FLORIMONT

Et qui le peut causer
Qu'Elomire!

ELOMIRE, *en raillant*

Elomire a toûjours fait merveilles:
Il a scandalisé des yeux et des oreilles,
Perverty des esprits et corrompu des moeurs;
Enfin c'est un demon, si l'on croit ces docteurs.
Le diable les confonde, eux et leur calomnie!
Mais il s'agit icy d'un point de Comedie
Qui m'importe bien plus que tous ces sots discours.

LE CHEVALIER

Quel est-il?

ELOMIRE

Ces réveurs qui m'insultent toûjours
Disent qu'au serieux je ne suis qu'une beste;
Et cette impertinence est si fort dans leur teste
Que le diable, je crois, ne l'en osteroit pas.

LE CHEVALIER

Quoy! c'est là ce grand point qui cause vos debats?

ELOMIRE

Luy-mesme.

LE CHEVALIER

Eh bien! il faut terminer ces grabuges.

FLORIMONT

De grace, faites-le; nous vous en faisons juges.

LE CHEVALIER

Juges d'un point Comique: c'est nous faire honneur,
D'autant plus qu'il s'agit de juger d'un Acteur,
Et d'un Acteur, encor, tel que l'est Elomire.

FLORIMONT

C'est-à-dire fort grand, dans les Pieces pour rire,
Moyennant que le drolle en soit pourtant l'Auteur;
Car aux Pieces d'autruy, je suis son serviteur!
De sa vie, il n'entra dans le sens d'aucun autre.

ELOMIRE

C'est là ton sentiment; mais ce n'est pas le nostre.

LE CHEVALIER, *à Elomire*

Recite donc des Vers, et des plus serieux.

ELOMIRE

J'en vais dire à tirer les larmes de vos yeux.
Escoutez, je vais dire une fort belle Stance;
Surtout observez bien mon geste et ma cadence.

(Elomire déclame.)

Noire Déesse de la nuit,
Pourquoy redoubles-tu tes voiles,
Et nous cachant jusqu'aux estoilles,
Nous laisses-tu si peu de lumiere et de bruit?
Jamais depuis que le silence
Accompagna l'obscurité,
L'on ne vit si peu de clarté
Se joindre à leur intelligence:
Icy rien ne paroist que tenebres, qu'horreur;
Mais las! pardonne à mon erreur;
Puisque je vois les maux que ma Climene endure,
Triste nuit, c'est à tort que je t'appelle obscure.
Pourquoy donc....

LE CHEVALIER, *interrompant Elomire*

Plus de Stance; ah! ce n'est pas ton fait.

ELOMIRE

Tout de bon?

LE CHEVALIER

Tout de bon.

ELOMIRE

En effet?

LE CHEVALIER

En effet.

ELOMIRE

Disons donc d'autres Vers qui soient plus magnifiques,
Et que mon action rende plus patetiques.

*(Elomire recommence à reciter des Vers, avec plus de
gestes qu'auparavant.)*

Que dites-vous, Climene! ah! plustost l'Univers
Retourne en son cahos, que tout soit à l'envers;
Que tout perisse ensemble, et le Ciel et la Terre,
Plustost que tant-soit-peu je vous puisse déplaire!
Mais que dis-je, insensé? ne vous déplais-je pas?
Ne vous fais-je pas seul souhaitter le trépas?
Un autre que Tircis cause-t-il vostre peine,
Et ne suis-je pas seul vostre fleau, ma Climene?
Ouy, Climene, c'est moy dont le coupable amour
Vous veut faire quitter Filidas et le jour;
C'est moy qui fais l'ennuy dont vostre cœur soupire,
Et qui fais tous les maux sous lesquels il expire.
Ah! si je pouvois vaincre un si fier ennemy,
Ou, tout du moins, briser mes chaînes à demy!
Si cette passion qui mon ame transporte
Estoit un peu plus lente, estoit un peu moins forte,
Et que, dans ses élans, je peusse, sans ma mort,
Vous ceder, en faisant un genereux effort,
Que vous veriez bien-tost, adorable Climene,
Quelle horreur a Tircis de causer vostre peine,
Combien pour tous vos maux il endure de mal,
Et jusqu'à quel excez il aime son rival!
Mais cette passion, cét amour et ces chaînes

Sont des chevaux fougueux qui n'ont ny mords ny rhenes;
Ils m'emportent partout avec tant de roideur
Que ma cheute peut seule apaiser leur fureur.
Tombons donc! aussi bien ma cheute est legitime,
Puisque je ne sçaurois l'éviter sans un crime;
Ouy....

LE CHEVALIER, *l'interrompant*

Fais-tu de ton mieux, Elomire?

ELOMIRE

Pourquoy?

LE CHEVALIER

Parce que tu le dois; sinon, prends garde à toy.

ELOMIRE, *estonné*

Quoy! je ne fais pas bien?

LE CHEVALIER

Comment! bien au contraire;
Je ne t'ay, sur ma foy, jamais veu si mal faire.
Que t'en semble, Marquis?

LE MARQUIS

Que m'en sembleroit-il?
Pour en juger ainsi, faut-il estre subtil?

LE CHEVALIER

Et toy, Comte?

LE COMTE

Pour moy, je suis sur des épines
Quand je l'entens parler, ou que je vois ses mines.

ELOMIRE

Ne jugez pas encor; quatre vers seulement
Vous vont desabuser.

LE CHEVALIER

Dis-les donc promptement.

ELOMIRE (*Il recommence à reciter avec encore plus de
mauvais gestes.*)

Apres tout, qui vous porte à m'estre si cruelle?
Filidas est-il plus amoureux, plus fidelle?
Est-il plus beau que moy? vous merite-t-il mieux?
N'ay-je pas comme luy de quoy plaire à vos yeux?
Mais quand ce Filidas vous plairoit davantage,
Quand du plus beau des Dieux il auroit le visage,
Et quand il en auroit toutes les qualitez,
N'estant pas Roy, ce choix fait tort à vos beautez.
Ah! . . .

LE CHEVALIER, *interrompant derechef Elomire, et
brusquement*

De grace, tay-toy; croy-moy, cher Mascarille,
Fais toûjours le docteur, ou fais toûjours le drille;
Car, en fin, il est temps de te desabuser:
Tu ne naquis jamais que pour faquiniser.
Ces Rolles d'amoureux ont l'action trop tendre;
Il faut par un regard sçavoir se faire entendre,
Et par le doux accord d'un mot et d'un soûpir,
Toucher ses Auditeurs de ce qu'on feint souffrir.
Mais si tu te voyois, quand tu veux contrefaire
Un amant dedaigné qui s'efforce de plaire;
Si tu voyois tes yeux hagards et travers,
Ta grande bouche ouverte, en prononçant un vers,
Et ton col renversé sur tes larges épaules,
Qui pourroient à bon droit estre l'apuy de gaules;
Si, dis-je . . . .

ELOMIRE, *interrompant le Chevalier*

Cela dit qu'il faut faquiniser;

Eh bien, faquinisons; mais comment apaiser
Ces critiques docteurs, qui me traitent d'impie
Et de maistre d'écolle, en fait de vilenie?

LE CHEVALIER

Il n'est rien plus aisé: tu n'as qu'à retrancher
Tout ce que dans tes Vers tu t'es veu reprocher.

ELOMIRE

Je m'en garderay bien!

LE CHEVALIER

Et pourquoy?

ELOMIRE

Pourquoy? Parce:
Il n'en resteroit plus que pour faire une farce.

LE CHEVALIER

Eh bien, la Farce est bonne apres le serieux:
Tu la joûras toy-mesme, et la joûras des mieux,
Et mesme avecque gloire. A-t-on, dans ce Royaume,
Jamais veu des Acteurs pareils à Gros Guillaume,
Gautier et Turlupin? De leur temps, toutefois,
Le serieux estoit le grand goust des François.
Mais apres qu'on avoit admiré Belle-Roze,
Ces trois fameux bouffons triomphoient par leur Prose;
Et l'innocent plaisir, dont ils charmoient les coeurs,
Les faisoit adorer de tous les Spectateurs.

ELOMIRE

Parbleu! l'advis me plaist, j'en veux faire de mesme,
Et je vais tout chastrer, jusqu'à *tarte à la cresme.*
Pour ces Rolles transis, les prenne qui voudra;
Je feray desormais tout ce qu'on resoudra.

FLORIMONT

Nous ferons donc pleurer, et puis tu feras rire.

ELOMIRE

J'accepte le party.

FLORIMONT

     Mais garde-toy d'écrire
Rien de sale et d'impie, et qui choque les moeurs;
Autrement, sans quartier.

LE CHEVALIER

     Il l'a promis, Messieurs.

ELOMIRE

Je l'ay déja juré; derechef, je le jure:
Je ne feray plus rien capable de censure.

FLORIMONT

En ce cas, nous allons faire enrager l'Hostel.

ROSIDOR

Et nous crever de monde.

LE CHEVALIER

       En effet, rien de tel
Ne se verra jamais.

FLORIMONT, *parlant au Chevalier, au Comte et au Marquis*

     Nous serons redevables
De cet heureux succez à vos soins favorables.
Aussi, Messieurs....

LE CHEVALIER, *s'en allant avec le Comte et le Marquis*

     Adieu; mais advertissez-nous,
Alors que vous joûrez de la sorte chez vous.
Je le dis derechef, j'en attens des merveilles,
Et j'en veux regaler mes yeux et mes oreilles.

(Ils sortent tous trois, et tous les Comediens en-
suite: apres quoy, on cache le Theatre avec la toille,
comme il estoit auparavant; ce qui finit le Divorce Comique, *et fait continuer la Scene du quatriéme Acte*
par le veritable Elomire et les autres qui sont dans la
Loge.)

ELOMIRE, *bas*

Lazarile, j'en tiens.

LAZARILE, *bas*

Il n'en faut dire rien.

ELOMIRE, *bas*

Non, mais si je gueris, je m'en souviendray bien;
Et l'Autheur apprendra dans peu, par sa Satyre,
Qu'on rit à ses dépens, quand on rit d'Elomire;
Car j'auray ma revanche, ou bien-tost je mourray.

ALPHEE

Eh bien, gland Medecin du fameux Sennelay,
Vous voyez maintenant que je ne suis pas seule
Qui contle Mascalile ait déployé sa gueule.
L'Autheul de cette piece, ainsi que vous voyez,
Ne l'a pas mal daubé, du clane jusqu'aux pieds;
Mais ce qui me lavit, dedans cette Satyle,
C'est que tout en est vlay, et que tout y fait lile.

ELOMIRE, *bas à Lazarile*

Elle ment; si j'osois . . . .

LAZARILE, *bas à Elomire*

Gardez-vous de causer.

ORONTE

Voicy l'heure du bal; allons nous déguiser.

FIN DU QUATRIEME ACTE

ACTE V

SCENE PREMIERE

*(Cette Scene est dans une salle preparée pour un
bal, où il y a Compagnie, et des Violons.)*

ALCANDRE, CALISTE, LES CONVIEZ AU BAL, UN LAQUAIS

ALCANDRE, *à un laquais*

Qu'on donne ordre, laquais, de faire entrer les masques.

CALISTE

Quelle est leur mascarade?

ALCANDRE

                   Elle est des plus fantasques;
Et, comme ils ont en main chacun un instrument,
Sans doute ils donneront du divertissement.
Les voicy; peut-on voir de meilleures crotesques?

CALISTE, *voyant entrer les masques*

C'est Esculape et Mome; ô Dieu! qu'ils sont crotesques!

SCENE II

Deux Musiciens representant Esculape et Mome, Oronte,
Climante, Clearque, Elomire, Lazarile, Clarice,
Lucinde, Alphee, Lucille *(tous masquez et tenant
en main chacun un instrument)*, Alcandre,
Caliste, Les Conviez

*(Esculape et Mome chantent en forme de dialogue
le recit qui suit, et les autres le repetent.)*

Recit de la Mascarade

Esculape

Rien n'égale la santé;
Belles, cherissez-la par dessus toutes choses:
Elle fait de vostre beauté
Tous les lys et toutes les roses.
Sans elle vous n'auriez que de foibles apas,
Encor ne les verrions-nous pas.

Je suis le Dieu qui la donne
A tous les autres Dieux, mesme à celuy qui tonne,
Et si vous me voyez icy,
C'est pour vous la donner aussi.

Mome

Esculape est un pipeur;
N'escoutez point sa voix, adorables mortelles:
Si vous estes de belle humeur,
Vous demeurerez tousjours belles.
La joye est la santé que demandent vos yeux;
Elle seule charme les Dieux.

Je suis celuy qui la donne
Aux Déesses du Ciel, pour plaire au Dieu qui tonne:
Et si vous me voyez icy,
C'est pour vous la donner aussi.

ESCULAPE

Quoy! ce Tabarin des Cieux,
Ce Mome qui cent fois reconnut ma puissance,
Viendra m'insulter en ces lieux,
Et ne craindra point ma vengeance?
Non, non, ne souffrons point de cet enfariné;
Sus, amis, pour estre berné,

Qu'aux Medecins on le donne:
Cet ordre plaist aux Dieux, même à celuy qui tonne,
Et si vous nous voyez icy,
C'est parce qu'il leur plaist aussi.

SCENE III

L'EXEMPT, LE BALAFRÉ, SANS MALICE, PLUSIEURS AUTRES
ARCHERS, ESCULAPE, MOME, ORONTE, CLIMANTE,
CLEARQUE, ELOMIRE, LAZARILE, CLARICE,
LUCINDE, ALPHEE, LUCILLE, ALCANDRE,
CALISTE, LES CONVIEZ

L'EXEMPT

Archers, en haye, et tous vis-à-vis de la porte;
Mais qu'on garde surtout que personne ne sorte.
(A Alcandre qui va à luy)
Demeurez là, Monsieur; mais qu'on ne craigne rien.

ALCANDRE, à l'Exempt

Guet, me connoissez-vous?

L'EXEMPT

Ouy, je vous connois bien,
Et je sçay ce qu'on doit aux gens de vostre sorte.

ALCANDRE

Pourquoy donc à mon nez vous saisir de ma porte?

L'Exempt

Parce qu'un assassin est parmy ces masquez;
Que je veux l'avoir vif ou mort.

Alcandre

                 Vous vous moquez;
Je connoy trop tous ceux qui sont dans cette bande.

L'Exempt, *montrant son baston*

Connoissez ce baston, Monsieur, et qu'on luy rende
Du respect; ou sçachez que vous en répondez.
     (Arrachant brusquement le masque à Oronte)
Allons, le masque bas! viste, vous marchandez?
         (Connoissant Oronte)
Quoy! vous, mon Medecin? vous méme, vous, Oronte?
Vous en masque? Ah! ma foy, vous devriés avoir honte;
Vous en masque, grands Dieux! avec des assassins!

Oronte

Vous nommez donc ainsi Messieurs les Medecins?
Car ceux que vous voyez le sont tous, et leurs femmes.

L'Exempt, *s'adressant à Elomire et à Lazarile,*
qui se sont démasquez avec tous les autres

Ceux-là ne le sont pas. Qu'estes-vous, bonnes ames?
Car vos visages ont un certain air . . . .

Elomire

                 Croyez
Que vous parleriez mieux si vous me connoissiez.

Alcandre

Prenez garde, Monsieur, c'est le Bassa Sigale.

L'Exempt

Qui? ce fourbe qui fuit, de peur qu'on ne l'empale?

ELOMIRE

Je n'eus jamais ce nom, ny cette qualité.

ALCANDRE

Sous ce nom-là, pourtant, vous m'avez consulté;
Si vous ne l'estes pas, vous estes un grand fourbe.
Voyez-vous ce petit bout d'homme qui se courbe
Derriere luy? C'estoit son Secretaire ....

LAZARILE, *se redressant*

Hé bien,
J'estois son Secretaire, et je ne suis plus rien:
Concluez.

L'EXEMPT

Sur ma foy, ce petit homme est drolle;
Dans une Comedie, il joüeroit un bon rolle.

(Se tournant vers Elomire)

Mais, de grace, Monsieur, qu'estes-vous? Car, enfin,
Je sçay qu'il est entré ceans un assassin,
Qu'il cachoit, comme vous, son visage d'un masque,
Et tenoit comme vous un gros tambour de basque:
Je ne croy pas, Monsieur, qu'aprés un tel rapport
De l'assassin, à vous, je puisse avoir grand tort,
Quand je vous traisneray dans la Conciergerie;
D'autant plus que pas un de cette compagnie
Ne sçait ny vostre nom, ny quel est le pays
D'où vous estes, et dont certes je m'ébaïs.
Quoy! malgré tout cela, vous n'ouvrez pas la bouche?

LE BALAFRÉ

C'est, sans doute, Monsieur, que le remords le touche.
C'est nostre homme; et je vay, si vous le trouvez bon,
Le lier pieds et poings.

L'EXEMPT

Direz-vous vostre nom?

ELOMIRE

Helas! Monsieur, je suis un Espagnol malade,
Qui....

L'EXEMPT

Fourbe, en cet estat va-t'on en mascarade?

ELOMIRE

Ouy, Monsieur, l'on fait plus, l'on boit à rouges bords,
On rit, on chante, on jouë, on s'égaye le corps,
Quand c'est de Sennelay le grand urinaliste,
Qui traite un hypocondre, et non pas un Chimiste.

L'EXEMPT

Quoy! pour faire le fou, vous pensez m'abuser?
Ah! ma foy, je m'en vay vous faire dégoiser,
Devant qu'il soit deux jours, de la belle maniere,
Ou nous verrons tarir fontaines et riviere:
Ouy, fourbe, nous sçaurons bien-tost vostre dessein;
Nous vous sçaurons tirer la verité du sein.
Balafré, qu'on le lie!

ELOMIRE, à Oronte

              O Dieux! est-il possible
Qu'un homme tel que vous ait le coeur insensible?
Quoy donc! de Sennelay merveilleux Medecin,
Vous me souffrez nommer fou, perfide, assassin,
Archi-fourbe? Pour fou, passe; ma maladie
Est telle, dites-vous, par ma melancolie;
Mais pour ces autres noms, vous sçavez comme moy
Que je ne les ay point.

ORONTE

              Cet homme est fou, ma foy!
Qu'est-ce que Sennelay? Qu'est-ce qu'urinaliste?
Qu'est-ce que vôtre mal? N'étes-vous point Luliste?

Ces gens-là d'ordinaire ont un langage obscur
Qu'on entend justement comme l'entend un mur.

ELOMIRE, *à Climante*

Climante, vous sçavez ....

CLIMANTE

Ouy, que je suis Climante;
Si vous en voulez plus, vous voulez que je mente.

ELOMIRE

Mais, Monsieur, vous sçavez si je suis l'assassin
Que l'on cherche!

CLIMANTE

Je sçay que je suis Medecin
De Paris; et de plus, qu'Oronte l'est de mesme;
Mais d'où vient qu'à ces mots vous devenez tout blesme?

ELOMIRE, *bas à Lazarile*

Je suis mort, Lazarile.

LAZARILE, *bas*

Esperez jusqu'au bout;
Mais qu'on ne sçache point qui vous estes, surtout.

ELOMIRE, *bas*

Je m'en garderay bien.

L'EXEMPT, *à Elomire*

Que venez-vous de dire?

ELOMIRE, *en toussant bien fort*

Rien du tout.

L'Exempt

Vous mentez.

Le Balafré

Monsieur, c'est Elomire:
Ouy, c'est luy, je le viens de connoistre à sa toux.

L'Exempt

Luy?

Oronte

Luy-mesme, qui sort de l'hospital des foux:
Je dis, de l'hospital du grand *Urinaliste*.

Elomire, *à Oronte*

Vous m'avez donc joüé, Monsieur?

Oronte

Ouy, Jean-Baptiste,
Ouy, Bassa, ouy, Guzman, nous vous avons joüé.

Elomire

Par ma foy, j'en suis quitte à peu, Dieu soit loüé!
Je me croyois déja dans la Conciergerie,
Et de là dans la Place, où ....

L'Exempt

Badauderie!
Vous vous entendez tous, et je m'entends aussi.
Balafré, qu'on le lie, et qu'on l'oste d'icy.

Elomire

Ah! tous les Medecins ont pour moy tant de haine
Que si j'estois coupable, ils le diroient sans peine.
Ouy, sans doute, ils seroient ravis de m'accuser,
Et pas un d'eux, Monsieur, ne voudroit m'excuser.

LE BALAFRÉ, *liant les bras d'Elomire*

Allons, causeur, allons! Aide-moy, Sans-Malice!

ELOMIRE, *se voyant lié*

Fit-on jamais, ô Dieux! une telle injustice!

ORONTE, *gaussant Elomire*

Le pauvre homme! Messieurs, vous luy rompez les bras!
Prenez garde; il les a, dit-on, fort delicats!
Peut-estre qu'au sortir de la Conciergerie
Il en aura besoin: choyez-les, je vous prie!

ELOMIRE, *à l'Exempt, se jettant à ses pieds*

Monsieur, ayés pitié....

L'EXEMPT

Pitié d'un assassin?

ELOMIRE

Je le serois, Monsieur, si j'estois Medecin!
Mais je ne le suis pas; vous le sçavez vous-mesme.

ORONTE

Il nous nomme assassins, ô l'impudence extrême!
Que ne diroit-il point, s'il estoit hors d'icy?

L'EXEMPT

Messieurs, il parlera fort peu de temps ainsi;
Moyennant quelques pots de belle eau toute pure,
Je le feray bien-tost changer de tablature;
Mais c'est trop épargner un insolent causeur;
Qu'on marche!

ELOMIRE, *se voyant traisné*

Lazarile, à moy!

LAZARILE, *le suivant*

> J'y suis, Monsieur.

TOUS LES ACTEURS, *ensemble, voyant qu'on entraine Elomire*

Le pauvre homme!

ORONTE, *apres qu'Elomire et ceux qui le
menent ne paroissent plus*

> Ma foy, c'est par trop, ce me semble;
Il croit aller en Gréve.

CLIMANTE

> Et si vray qu'il en tremble.

ORONTE

S'il en mouroit?

CLEARQUE

> Qu'importe! Il meurt bien d'autres foux
En nos mains.

ORONTE

> Mais, enfin, que diroit-on de nous?

CLEARQUE

On en diroit, ma foy, ce qu'on en voudroit dire;
Mais quoy que l'on en dist, je n'en ferois que rire.

> (*L'Exempt rentre, et Clearque continuë*)

L'Exempt revient!

CLIMANTE, *à l'Exempt*

> Eh bien, l'as-tu fait expirer?

L'EXEMPT

Donnez-moy, s'il vous plaist, le temps de respirer;
J'ai tant ry que j'en ay presque perdu l'haleine.

Ayant mis nostre fou dans la chambre prochaine,
Avec son Lazarile et nostre Balafré,
Je les ay laissés seuls, et puis, estant rentré
Sans estre veu, j'ay ouy ce que je vay vous dire.
—Illustre Balafré, dit tout bas Elomire,
L'occasion est chauve, et qui ne la prend pas,
Alors qu'il la rencontre, est mis au rang des fats.
—Monsieur, je n'entends rien à ces belles paroles;
Mais je sçay ce qu'on fait quand on tient des pistoles,
Luy répond le Balafré, et si vous en doutiez,
Il ne tiendroit qu'à vous ne le vissiez.
Elomire, à ces mots, luy met en main sa bourse;
Le Balafré la prend, disant: "Je suis vostre ourse:
Suivez-moy!" Cela dit, le drolle fait le saut
De la fenestre en bas; l'étage est assez haut,
Quoyqu'il soit le premier; toutefois, Elomire,
Et cest cecy, ma foy, qui m'a le plus fait rire,
Autant pressé de joindre un si grand conducteur
Qu'aveuglé de l'excés de sa mortelle peur,
Le suit si prestement, et par la mesme doute,
Qu'il tombe sur son guide; il l'eust crevé, sans doute,
Si nostre Balafré, plus dur que n'est le fer,
Ne l'eust d'un coup de reins fait retourner en l'air.
Elomire retombe, et soudain se redresse,
Et gagne le taillis d'une belle vistesse.

ORONTE

Et le bon Lazarile?

L'EXEMPT

Il est encor icy.

ORONTE

Nostre vengeance est deuë à ses soins.

L'EXEMPT

                              Dieu mercy,
Nous les pouvons payer aux despens d'Elomire;
Car nous avons sa bourse.

ORONTE

Il aura donc fait rire,
A ses frais, ceux qu'il a tant de fois outragez.

L'EXEMPT

C'est assez: allons boire aux Medecins vengez.

FIN DU CINQUIEME ET DERNIER ACTE

EDITIONS

(Asterisk indicates use in establishing text for this volume; see also p. 13, n. 2, for Georges Mongrédien's recently published critical edition, *La Querelle de l'Ecole des Femmes*.)

I. Donneau de Visé, Jean. *Zélinde, comédie, ou la véritable critique de l'Ecole des Femmes, et la critique de la Critique.*

*Paris, Guillaume de Luyne, 1663.

Amsterdam, Raphael Smith, 1665 (pirated reprinting of Paris 1663 original edition).

*Genève, J. Gay et Fils, 1868 (in "Collection Molièresque," ed. "le Bibliophile Jacob" [Paul Lacroix]).

Paris, Garnier Frères, 1881 (in *Oeuvres complètes de Molière,* ed. Louis Moland, V, 1-41).

Wiesbaden, Thomas, 1881 (in *Molière und seine Bühne,* "hgg. von Dr. H. Schweitzer," tome I, fasc. iii, pp. 19-68, ed. H. Fritsche).

II. Boursault, Edme. *Le Portrait du Peintre, ou la Contre-critique de l'Ecole des Femmes.*

*Paris, Charles de Sercy, 1663.

Paris, "à la sphère," 1663 (Elzevier reprinting of original edition).

Paris, Veuve Pierre Ribou, 1725 (in *Théâtre du feu Monsieur Boursault,* tome I; this edition authorized by Boursault's grand-daughter).

Paris, Compagnie des Libraires, 1746 (reprinting of Paris 1725 edition).

Paris, F. Didot, 1863 (in *Les Contemporains de Molière,* ed. V. Fournel, I, 127-159).

*Paris, Librairie des Bibliophiles, 1879 (in "Nouvelle Collection Molièresque," ed. "le Bibliophile Jacob" [Paul Lacroix]).

Paris, Garnier Frères, 1881 (in *Oeuvres complètes de Molière,* ed. Louis Moland, V, 43-77).

Wiesbaden, Thomas, 1883 (in *Molière und seine Bühne,* "hgg. von Dr. H. Schweitzer," tome II, fasc. v, pp. 15-50).

III. Le Boulanger de Chalussay, *Elomire hypocondre, ou les Médecins vengez.*

*Paris, Charles de Sercy, 1670.

Paris, "à la sphère," 1671 (Elzevier reprinting of Paris 1670 original edition; title changed to *Elomire c'est à dire Molière hypocondre. Ou les Médecins vengez).*

(Place unknown), 1672 (pirated reprinting of Paris 1670 original edition).

*Genève, J. Gay et Fils, 1867 (in "Collection Molièresque," ed. Paul Lacroix).

*Paris, Isidore Lisieux, 1878 (ed. Ch. L. Livet).

Wiesbaden, Thomas, 1884 (in *Molière und seine Bühne,* "hgg. von Dr. H. Schweitzer," tome II, fasc. iv, pp. 1-90, ed. R. Marenholtz).

SELECTIVE BIBLIOGRAPHY

Adam, Antoine. *Histoire de la littérature française au XVIIe siècle.* Vol. III. Paris, Domat, 1952.

Becker, Ph. Aug. "Elomire hypocondre," *Archiv für das Studium der neueren Sprachen und Literaturen,* 129. Band (1912), 175-187.

Cairncross, John. *New Light on Molière: Tartuffe; Elomire hypocondre.* Genève, Droz, 1956.

Hoffmann, A. *Edme Boursault.* Metz, 1902.

Lancaster, Henry Carrington. *French Dramatic Literature of the Seventeenth Century. Part III: The Period of Molière.* 2 vols. Baltimore, The Johns Hopkins Press, 1936.

Langheim, Otto. *De Visé: sein Leben und seine Dramen.* Marburg, 1903.

Mélèse, Pierre. *Donneau de Visé, fondateur du Mercure Galant.* Paris, Droz, 1936.

Michaut, Gustave. *Les Débuts de Molière à Paris.* Paris, Hachette, 1923.

————. *La Jeunesse de Molière.* Paris, Hachette, 1922.

————. *Les Luttes de Molière.* Paris, Hachette, 1925.

Mongrédien, Georges. *Recueil des textes et des documents du XVIIe siècle relatifs à Molière.* 2 vols. Paris, Centre National de la recherche scientifique, 1965.

Van Vree, Th.-J. *Les Pamphlets et libelles littéraires contre Molière.* Paris, Vermaut, n.d. (thèse Univ. de Paris, 1932).

www.ingramcontent.com/pod-product-compliance
Lightning Source LLC
Chambersburg PA
CBHW020812060726

47498CB00017B/2760